篮球运动理论与育人实现途径研究

LANQIU YUNDONG LILUN
YU YUREN SHIXIAN TUJING YANJIU

毛剑杨　刘海磊◎著

西南交通大学出版社
·成　都·

图书在版编目（CIP）数据

篮球运动理论与育人实现途径研究／毛剑杨，刘海磊著. 一成都：西南交通大学出版社，2018.6
ISBN 978-7-5643-6232-4

Ⅰ.①篮… Ⅱ.①毛…②刘… Ⅲ.①篮球运动－体育教学－教学研究 Ⅳ.①G841.2

中国版本图书馆 CIP 数据核字（2018）第 129834 号

| 篮球运动理论与育人实现途径研究 | 毛剑杨 刘海磊 著 | 责任编辑 | 穆 丰 |
| | | 封面设计 | 河北腾博广告有限公司 |

印张	11.5	字数	200千	出版发行	西南交通大学出版社
成品尺寸	170 mm×230 mm			网址	http://www.xnjdcbs.com
版次	2018年6月第1版			地址	四川省成都市二环路北一段 111 号 西南交通大学创新大厦 21 楼
印次	2018年6月第1次			邮政编码	610031
印刷	成都中永印务有限责任公司			发行部电话	028-87600564　028-87600533
书号	ISBN 978-7-5643-6232-4			定价	68.00 元

图书如有印装质量问题　本社负责退换
版权所有　盗版必究　举报电话：028-87600562

前 言

体育育人价值的研究即是针对其在学校教育过程中对于学生的教育价值的研究，其目的在于探索体育或某一体育项目在除身体锻炼价值之外对于学生其他包括心理健康、道德品质、智力思维等多方面的推动价值，不同项目的育人价值研究成果可以方便学校和教师在针对不同学生群体时选取不同的运动教学项目，同时也是推动体育活动或单项体育活动能够充分发挥其多领域价值的理论基础。篮球运动是世界范围内最受欢迎、群众基础最好的体育项目之一。同时，篮球运动也是我国中小学及高校体育课的必修科目，隶属于学校体育的范畴，是我国学校教育的重要组成部分。随着社会的快速发展和教育改革的日益深入，篮球运动在高校体育教学中发挥着越来越重要的作用。对篮球运动进行育人价值分析和人才培养途径探究，对篮球教育的发展有深远意义。

本书首先对体育的价值进行了分析，并对篮球运动的历史、特点以及篮球运动的改革与发展进行了系统的阐述，在此基础上探讨了篮球运动的育人价值以及篮球运动的育人实现途径，最后对篮球人才的培养现状进行分析，并探讨了篮球人才培养的具体途径。

本书共六章约 20 万字，由江苏海事职业技术学院毛剑杨和刘海磊共同撰写，其中第一章至第三章共约 12 万字，由江苏海事职业技术学院毛剑杨撰写，第四章至第六章共约 8 万字，由江苏海事职业技术学院刘海磊撰写，在撰写的过程中，吸收了部分专家、学者的一些研究成果和著述内容，在此特向这些专家学者表示衷心的感谢！同时，由于作者水平有限，书中缺憾、遗漏、谬误之处在所难免，恳请广大读者和专家不吝斧正，笔者将欣然采纳，并竭力挽补。

作 者
2017 年 12 月

目 录

第一章 体育价值概述 1
    第一节 对体育的认识 1
    第二节 体育价值 4

第二章 篮球运动概述 36
    第一节 篮球运动的历史演进 36
    第二节 篮球运动的特点及功能 51
    第三节 中国篮球运动的改革与发展 58

第三章 篮球运动育人价值 64
    第一节 篮球运动对大学生身体健康的影响 65
    第二节 篮球运动对大学生智力思维的影响 81
    第三节 篮球运动对大学生心理健康的影响 87
    第四节 篮球运动对大学生审美能力的影响 91
    第五节 篮球运动对大学生社会适应能力的影响 98

第四章 篮球运动育人实现途径 106
    第一节 篮球运动育人的现实基础 106
    第二节 篮球运动育人的实现保障 108
    第三节 篮球运动育人的有力手段 109

第五章 篮球人才培养现状分析 113
    第一节 篮球人才培养现状 113
    第二节 篮球人才培养理论基础与历史沿革 120

第三节 篮球人才培养对策 ……………………………………… 127

第六章 篮球人才培养途径 ………………………………………… 144
第一节 篮球人才技术能力培养 ……………………………… 144
第二节 篮球人才战术能力培养 ……………………………… 152
第三节 篮球人才身心素质培养 ……………………………… 161

参考文献 ……………………………………………………………… 178

第一章 体育价值概述

体育是人类文明发展的产物，对人类社会的发展与进步有着积极的促进作用，对人类自身的发展与建设有较强的现实意义。在全面建设小康社会、构建社会主义和谐社会的今天，体育的作用和价值是巨大的，研究体育的价值意义重大。

第一节 对体育的认识

一、体育的概念

什么是体育？人们认为"打篮球"是体育，"上体育课"是体育，"跑步"是体育；而"打麻将""玩扑克"不是体育，是休闲娱乐活动。这也许是人们对体育最直观、最朴实的认识。

20世纪20年代后，世界上许多国家（包括中国在内）陆续将学校"体操"课改为"体育"课，"体育"一词从这时才开始普遍使用起来。当今世界，认为"体育（Physical Education，简称PE）"是教育的一个组成部分的观念已被广泛接受。但这个概念毕竟不能概括当今体育的全部内容，因此，越来越多的人又倾向于使用"Sports"来作为体育的大概念使用。

《辞海》对体育的解释：狭义指身体教育，即以强身、医疗保健、娱乐休息为目的的身体活动。与德育、智育、美育相配合，成为整个教育的组成部分；广义指体育运动，包括身体教育、竞技运动和身体锻炼三个方面。它们均以身体活动为基本手段，来锻炼身体，促进健康，增强体质，并具教育、教学和训练作用，以及提高竞赛技术水平。这里所阐述的体育现象，主要指广义的体育。

体育概念必须反映体育的目的性，这是体育理论界关于体育概念各种看法的共同点。如今各种关于体育概念的定义都可以简化为"以身体练习为基本手段，以达到某种目的的某种活动"。例如，有些学者把体育定义为"以身体练习为基本手段,以增强体质、提高运动技术水平、丰富文化生活为目的的一种社会活动"。杨文轩、陈琦(2004)认为:"体育是以人体运动为基本手段增进健康、提高生活质量的教育过程与文化活动。"《中国大百科全书·体育卷》对体育的定义为:"根据人类生存和社会生活的需要,依据人体生长发育、动作形成和机能提高规律,以各项运动为基本手段,以达到发展身体、增强体质,提高运动技术水平,丰富社会文化生活,为发展经济和政治服务为目的的身体活动。"

各种定义,有的内容重复,有的内涵增大,有的外延减少,可以说是百家争鸣,仁者见仁,智者见智。如今国内存在着一种普遍认识,就是把体育的具体目的作为其本质列入体育概念中,把体育定义为"以身体练习为基本手段,为增强体质,提高运动技术水平,进行思想品德教育,丰富社会文化生活而进行的一种有意识的身体运动和社会活动;它属于社会文化教育的范畴,受一定社会的政治、经济的影响和制约,也为一定的政治、经济服务"。这种在概念中的具体目的的罗列显然使得体育概念的内涵增大。有些学者把体育看成是一种"有目的、有计划、有组织的……活动"。这显然减少了体育的外延。另一些学者则把体育理解为"一种社会活动"。这实际上是不准确的,也是不全面的。对于体育的定义,体育界一直争论不休,尚无共识。

二、对体育的认识

本书对体育的定义是:体育是以身体锻炼为基本手段的、人类的一种有目的的身体活动及其实现过程和表现形式;运动是体育的根本属性,科学研究是体育发展的巨大推动力,文化是体育发展的源泉。具体包含以下四个方面。

(一)身体锻炼的基本性和非唯一性

体育最本质的要求是要通过一定量的身体练习来达到预定的目的,强调身体参与的必要性。因此,将身体练习活动或运动形式作为标志而抽象在体育的概念中,是完全符合逻辑的。同时,身体练习是体育的基本手段,但不是唯一手段。除了身体练习以外,体育还包括不是身体练习但却属于体育内涵的内容。体育内涵包括了体育精神、体育文化等多方面的内容。这样的认识对于形成正确的体育整体观是十分重要的。

（二）身体活动在体育中的多层次性

人们对体育活动的理解有一个渐进的过程，人体的移位是最初最为直观地对体育活动感知的活动的物理特征，比如跑步、跳远等。随着科学的发展，人们对体育的认识更进了一步，迈入了生物心理观阶段，即认识到体育不仅是身体的和心理的活动，也是社会性的活动，属于社会总文化的范畴，从而形成了生物的、心理的、社会的三位一体的整体体育观，即体育"三维"观。

（三）体育本身的多目标性和多功能性

体育是人类有目的的活动，这种目的不是一成不变的，而是随着人类社会的发展进步和知识水平的不断提升而逐渐改变和丰富的。最初人们所认识到的主要是体育的健身功能，因而提出了增强体质、增进健康的目的；而现在人们认识到除了增强体质以外，体育还有教育功能、经济功能、文化功能等。与之相应，随着体育功能的发掘，其目标也将逐渐扩延。

（四）体育属于文化范畴，是社会总文化的组成部分

学界一直认为，应把体育的全部精神财富与物质财富包含在内来确定体育名词的概念；应对其外延确定范围，并按一定特征进行分类。1981年出版的体育院系通用教材《体育理论》把现代体育分成体育教育（亦称体育，指狭义的）、竞技运动和群众体育三个基本方面。"体育教育"属于一种教育过程或基本途径，与竞技体育、群众体育不是以同一特征进行分类，但这样分类比较符合我国的实际与传统。我国体育、教育系统的体育行政部门与社会体育团体，基本上也是按这一分类特征来建立组织机构的。长期以来，体育界也是按这样的组织领导系统进行工作的。

"体育"中的"体"，从字的构造来讲，是"人"和"本"，寓意以人为本，即身体，强调身体的参与性。"育"是"云"和"月"，"月"在汉字的演化过程中，曾经写成"肉"，"育"有培植、抚养的意思，《诗·小雅·蓼莪》"长我育我"引申为教育。由此可以看出，体育是身体参与的，以增强体质，增进健康，发展身体的教育活动，并强调身体的参与性、教育的重要性。

三、体育、运动、锻炼的关系

简言之，体育是身体的教育。运动是体育的根本属性，是贯穿其中的

红线。在生活习惯中，有"体育课"，但少有称"运动课"；有各种形式、各种规模的"运动会"，但少有称"体育会"。人们常问"今天你锻炼了吗？"却很少有人说"今天你体育了吗？"。"每天锻炼一小时，健康工作 50 年，幸福生活一辈子"，同样也没有说"每天体育……"。

锻炼，原本指冶炼金属，或者是提高植物在逆境下生活或生存的过程或方法。今天我们广泛用来指人参与体育运动，以此来达到强身健体、磨炼意志、提高社会适应能力、缓解压力等目的。锻炼是体育运动的表现形式，运动是体育的本质属性，体育包含了运动训练和体育锻炼。笔者推敲了多次，也请教了一些体育界的专家、学者，他们对"体育"与"运动"这两个概念都有各自的理解，但如何辨明二者之间的关系却很难达成一致。有专家认为，当初在引入"sports"这个词的时候，翻译就出了问题。因此，笔者认为，要将体育与运动严格地细分开来并形成共识，还需要专家、学者开展更多、更广泛、更深入的研究。

第二节 体育价值

一、体育价值的概念厘定

（一）价值的含义

从哲学的意义上说，所谓价值，就是指客体与主体需要之间一种特定（肯定或否定）的关系。主体与客体之间的关系，不仅是一种改造与被改造、反映与被反映的关系，而且也是一种价值关系。价值不仅取决于客体本身的结构，而且也取决于主体的活动，是与主体的需要密不可分的。

从价值学的一般观点来看，所谓体育的价值，即体育的功能与人的需要之间的关系。体育作为客体是一种社会客体，它与自然客体不同，总是与人的需要和利益直接相关。体育本质上是为了人们为娱乐享受和促进身心健全发展而创造的，它以自觉意识支配下的身体运动作为主要手段，是对自己的身心进行改造并使之臻于完善的实践。体育的价值是由体育的本质所决定的，是体育实践中形成的主、客体之间的客观的物质关系，因而是体育本身所固有的。

（二）价值观念

价值观念是关于社会客体或主体行为价值的观念或客体的社会价值的观念。价值观念的形成受主体利益、需要的制约，个体或群体的价值观念往往与其阶级地位、需要与利益密切联系，不同民族、不同阶级、不同时代、不同人群有不同的价值观念；同时又受时代因素的制约，特别是科学技术发展水平、生产力发展水平和时代特点，还有文化背景的制约。客观的时代特点与文化背景作用于主体的利益，使主体产生一定的价值体验，做出价值选择，经过长期的社会生活的积淀就形成一定的价值观念，一经形成就相对稳定，不易改变。但它也不是一成不变的，是随着社会条件的改变而不断变化着的，而人在社会历史过程中的价值选择，实际上就是时代需求的体现。随着社会历史的不断向前发展，不同的、多样的价值观必然相互接近、相互宽容、趋向同一。这是由人类社会实践发展的客观规律决定的，是不以人的意志为转移的客观必然。

（三）价值选择

马克思曾指出，"价值这个普遍的概念是从人们对待满足他们需要的外界物的关系中产生的""是人们所利用的并表现了对人的需要的关系的物的属性"。可见，价值是一种选择，是主客体的一种关系。选择是人创造价值的重要环节。所谓价值选择，就是在主体与客体的双向作用过程中，主体根据自己的价值尺度，对客体的属性、功能及其对主体可能产生的效应进行分析、比较，以求用最小的代价取得对主体最大的价值的选择过程。价值选择是人类自觉、自主的活动，是人类创造价值、实现价值的重要手段和内容，人类就是在价值选择中发展进步的，人类的本质也是在价值选择中不断实现和完善的。在一定意义上讲，人类的历史也就是人类价值选择的历史。正如马克思所说，"历史不是把人当作达到自己的工具来利用某种特殊的人格。历史不过是追求自己的人的活动而已"。

二、体育的功能与价值的关系

关于体育的功能与价值的关系的讨论虽然由来已久，但目前体育界对体育功能与价值的关系尚缺乏明确的认识和判断，大有把体育的功能等同于其价值的做法。笔者就此问题进行了阐述。

功能与价值有着非常密切的联系，但是二者又是不同的。功能是某一事物所固有的能力范畴。而价值则是利用者在面对这个事物时的态度和选择，即我们所说的价值取向。功能取决于事物的性质和特征。同理，体育学科的功能来自体育自身所具有的性质和特点，是体育在现实生活中的各种作用；而体育的价值则是体育的功能与人的需要之间的关系。虽然在任何时候体育的功能都是差不多的，但在不同的历史背景下或不同的国度中，体育的某个功能被重视、被强调的程度是不一样的，也就会赋予它各种各样的价值，如在体育教育的发展史中就存在以下不同的体育价值观。

（1）军国民式体育价值观：极端重视体育对形成民族精神和继承民族体育文化的功能。

（2）军国主义体育价值观：极端重视体育对提高爱国精神和士气的功能。

（3）国粹体育的价值观：重视体育形成民族精神和继承民族体育文化的功能。

（4）体质教育的价值观：重视体育对人体的生物性改造功能。

（5）技能教育的价值观：重视体育提高人的运动技能，发展人的基本活动能力的功能。

（6）竞技体育的价值观：重视体育为高水平运动竞技能力打基础的功能。

（7）体育教育的价值观：重视体育的教育功能。

（8）终身体育的价值观：重视体育对大众体育发展和个人进行体育实践能力培养的功能。

（9）快乐体育的价值观：重视体育愉悦身心的功能。

（10）保健体育的价值观：重视体育的养生养性、矫正身体的功能。

当然，某个体育价值观也不是只重视某个体育功能而完全忽视其他功能。在大多数情况下，是几个体育的功能都被承认，同时更强调其中的某个功能而形成独特的体育教育指导思想和特有的体育教育形态。

如前所述，功能是一个事物本身所固有的客观属性，而价值是外赋的、主观的属性。也就是说，一个事物即使具有这个功能，面对这个事物的人也未必对这个功能进行价值取向，更未必把这个功能的实现作为目标。举例来说，吃饭除了充饥的功能以外，还有庆典、社交（如各种宴会）、养病治病（如药膳）等功能，但未必每个人吃饭时都要将这些吃饭的功能都作为吃饭的价值取向，如工人上班吃午饭不考虑治病、庆典和社交的功能；

参加宴会的人吃饭在很多场合下也不是为充饥和治病。人们更不能为不同的价值实现而进行错误的目标定位，如工人吃晚饭决不能以实现庆典和社交为目的，否则就会大吃大喝；要达到举办宴会的目的也决不能像养病治病那样而没酒没肉，光吃豆腐和素菜；工人吃饭也没必要使用象牙筷子和细瓷碗吃饭，而参加宴会的人即使是吃饱喝足了也还要继续应酬。这就是功能和目标的关系。

因此，我们不能将"功能=价值=目标"。回到体育的现实问题就是：不能因为我们认识到了体育的多种功能，就将这些功能统统作为体育学科的价值所在，并建立相应的目标群体去盲目地追求，这是我们在今后一段时间内考虑体育目标时要加以注意的问题。

三、体育的价值类型

体育的本质是文化，而文化的本质是人。研究体育不能脱离人发展的需求。开展体育价值研究就是要引导人们对体育做出新的价值判断，使人们能够辨别体育运动中的真与假、善与恶。从一定意义上说，我们只有更善于从主客体关系上去理解、把握体育的价值，才能防止体育的异化（如兴奋剂、球场暴力等），才能使体育在人的全面发展和社会的文明进步中发挥更大的作用。鉴于以上所言，从哲学的角度将体育的价值分为外在价值（手段价值）和内在价值（目的价值）两种类型。

（一）体育的外在价值

笔者在此把外在价值界定为充当实现某一目的的手段的价值（工具性价值）。体育外在价值观认为，体育是以身体运动为其特征的，没有或几乎没有自身价值。它只是反映或许能增强主流的社会价值，所以体育的价值只是一种实现其他重要目的，如健康、社交、团队凝聚力、个性培养或道德发展的手段而已。外在论者认为体育不是一个具有独立价值的因素，其价值是借助于外部规范的或道德的力量来实现的。

（二）体育的内在价值

因其本身而存在的价值称之为内在价值（目的价值）。体育的内在价值观主张体育运动的目标应是运动本身和运动着的人自身。因此，体育可以作为一种独立力量对广义文化进行批判，它还可能成为一种导致社会变化的强大力量。按照这种观点，运动员精神（sportsmanship）应与比赛规则的精神实质相一致。体育运动中的竞赛规则都是应战的产物。如果参赛者想要获胜的话，就必须遵从规则。犯规者没能按照运动规则的要求来运动，所以他们不可能在比赛中获胜。

（三）体育外在价值和内在价值的全面排序

时至今日，体育已成为人类生活不可或缺的重要组成部分，成为人们的一种生活方式。

体育的价值对于人们实现理想生活的贡献主要体现在四个方面：体能、知识、技能和快乐。

人类所有的生活经历都是内部价值与外部价值的交融。因此，不可能把一种价值仅仅视作只具有某种单一的价值。同样的道理，我们所强调的四种价值——体能、知识、技能、快乐也都既有内部价值又有外部价值。在上述每种价值指导下追求的目标都是合理的。此外，与体育相关的大多数职业在一定程度上都会产生与上述四种价值相关的价值，且这四种价值都是美好生活的重要组成部分。但是在每种价值上，它们的分量并不等同。以外在价值为体育的价值取向时或以内在价值为其价值取向时，它们的优先次序是不同的。

1. 体育运动价值优先次序的判断标准

价值优先起因于现实世界的差别，生活中优先权问题是不可避免的，所以有必要对上述四种价值的优先次序进行区分。一项体育运动从这四种价值（体能、知识、技能、快乐）中选择一种作为其根本价值，与选择其他三种作为根本的价值时有着显著的不同。基本的价值判断不同，决定着体育运动对理想生活的贡献不同。

我们在此借用了卡里奇马（Kretschmar）提出的划分价值优先次序的三个标准。

（1）目的价值的标准。

内在价值具有独立的价值，是相对稳定的，它能够独立支撑自己，其价值是自身含有的。而外在价值是依赖性的价值，其价值依赖于它所产生的内在价值，它需要内在价值作为潜在价值而得以表现，且会因主体和外在条件的不同而不同。内部价值的好是其自身的好，如优秀、幸福、知识都是典型的内在价值。外部价值的好在于它们能够带来自身好的价值或对于自身好的价值的产生有所贡献。这种单方面的依赖关系显示了目的价值比手段价值优越。

（2）满足的标准。

在其他条件相同的情况下，包含满足感的体验比没有满足感的情况，具有更大的内在力量。幸福，或称之为"满足"，是一个比快乐更宽泛的概念。它不仅包括极度兴奋的情感状态，亦包括所谓低级的、动物式的快乐，甚至还包括不舒服的体验，但这一过程却总伴随着一种十足的满足感。在许多情况下，满足来自做我们所做的事情，即使这样的事情给我们带来了困难与艰辛。以下两个推论伴随这一标准：

① 纯度的推论。

不给社会带来伤害的满足胜过带来伤害的满足。轻而易举地彻底击败一弱势对手而以大比分获胜时，我们可能会有一定的满足感，随之还可能会有光彩夺目的成功与荣耀。然而，这一行为本身并不能称之为好，因为这是以他人的痛苦为代价的，可能也会伤害到他人所特有的完整性，这种行为的价值要小于不伤害对手时的成功、得分和获胜。

② 持久性的推论。

持续的、可靠的满足优于短暂的、不确定的满足。赢得一场重大的比赛而获得成功时的满足就是暂时的，球迷的记忆往往也是短暂的，今天的英雄明天就会被遗忘。这种成功的经历就不如持续时间长久或多年以后依然能够重现的经历的价值高。例如，好的技能和好的名声所带来的更稳固的满足感比那种相对短期的胜利更好、价值更高。

（3）连贯性的标准。

构建和谐一致而有富有意义的满足感优于零散的、片刻的快乐之感。但什么样的品质或体验类型能够带来持久而又对他人无伤害的满足呢？答案是：一种连贯的、有意义的生活经历。这一标准是使生活富有意义、趣味而又值得发展的日常活动模式。当我们说生活有意义时，我们实际在暗示我们的生活是紧凑、适度，而又辛酸艰难地朝着某种既定目标不断努力的状态。

如果生活中没有叙述性的连贯经历，如果我们的行为武断而又不连贯，那么我们很可能会认为我们所生活的世界是凌乱不堪的，是无意义的；我们的所为会被个人爱好或其他毫无意义的操纵性力量所控制；我们将失去生活的方向，会遗忘过去，惆怅现在，迷茫未来，将生活在一片陌生而又茫然的土地上。这种生活是鲜有魅力可言的。

2. 体育外在价值的排序

我们在对作为工具的体能、知识、技能和快乐四种价值的重要性做出评判之前，首先来看一下它们作为手段的价值之所在。

（1）体能的外在价值。

体能是生物意义上健康的一个重要条件，是指允许正常的肢体活动，能让人长寿，且改善人的外形的生理上的良好状况。可以说，体能作为一种外在价值，是一种可靠的保证。事实上，体能在一定程度上是生物存在本身的一种延伸，是一种无敌的工具。最低限度的能量和耐力是完成所有任务的首要条件，不管是静静思考还是剧烈运动，久坐还是非久坐，抑或运动还是非运动状态。没有了健康，一切无从谈起。没有了生命，所有的计划和经历，所有的希望、满足及有意义的体验都是空谈。

古希腊著名哲学者赫拉克利特说过，"如果没有健康，智慧就难以表现，文化无从施展，力量不能奋斗，财富变成废物，知识也无法利用"。毫无疑问，健康是人生幸福的根本保证，拥有健康是拥有一切的前提。有个很形象的比喻更能够说明这一点：健康是"1"，事业、家庭等是"0"，后面的若干个"0"，只有"1"的存在，才能显示出价值的大小，如果没有了"1"，再多的"0"还是零。

体能也与我们的身体外形和自我感觉相关。我们越健康，给人的感觉就越好，自我感觉也会更好。体能会影响我们工作和社会生活的成就，尤其是在一种推崇年轻、瘦身、皮肤有弹性、活力的文化定位中，体能在形成积极的自我定位方面扮演着重要的角色。由此我们至少有三个具有说服力的理由可以给予健康相关的体能的外在价值打高分：

① 在维护生命本身和延长生命方面，体能是生命活动和生活经历所必需的一种工具。

② 在提供最低限度的能量和耐力方面，体能对于不同职业、不同生活方式的人们都是非常重要的。

③ 在影响外表方面，体能在形成积极的自我形象和自我感觉的过程中扮演着重要角色。

而体能作为工具价值的缺点在于：其本性是暂时的。如果不刻意保持的话，那么体能就只是一种短暂的财产，而不像熟练掌握的技能那样能保持一生。如若不持之以恒的话，高体能水平可能几周内，也可能只有几天就会消失。而且体能很难维持，因为它必须定时地加以修饰，要维持或提高体能，也必须对个人的生物系统施加一定的压力，这种价值的成本是相当高的。当体能以厌烦、不愉快或痛苦的方式被体验时，其成本会更高。但是，这两个否定性的因素可通过发展一种积极的生活方式而得以缓解：一来可在周计划表中安排舞蹈和训练活动，二来人们要把体育运动作为个人的周程安排，把它作为一种乐趣而不是一种苦差事去体验。

（2）知识的外在价值。

知识采用原理、陈述和命题的形式，是可以回忆、沉思，用语言来表达、陈述和重申的。在抽象意义上，知识是有生命的，其存在独立于它所描述或解释的具体的情境或环境，例如，如果我们掌握了如何打篮球的知识，我们在远离篮球场地或不打球时也能讨论篮球。

知识在指导实践，避免危险或浪费及促进新的发明等诸多方面都有清晰而重要的效用价值。知识可以引导良好的生活习惯和态度，但是它们的存在仅仅是事实的陈述而已，即便是掌握了与健康相关的知识也未必会引发日常生活中的健康行为。所以说，知识与行为的改变之间却有着不确定的关系。因此，知识即使对于健康是有用的，但它作为一种手段的力量是有限的。

此外，人们在意识到支持或解释恰当的技能、正确的习惯和好的态度理论之前，便可能已熟练地掌握了这些技能、习惯和态度。有些杰出的表现者和拥有健康生活方式的个体，可能从未接触过解释他们状况的知识。

所以说，体育领域内的各种知识的效用仅仅是中等的。有关运动规则、比赛策略和舞蹈起源的知识比其他类型的知识（如有关政府机构如何运作、不同文化间的差异、经济法律等知识）在意义上要逊色得多。这或许是人们在体育教育中漠视和抵制传授与运动、舞蹈和训练相关知识的原因之一。

（3）运动技能的外在价值。

运动技能通常指程序上的、实践上的如何做的知识。好的运动技能能够产生处理复杂或困难过程的能力，但它却不必包括理论化或讨论它们的能力。从这个意义上讲，技能是依赖于特定情景的，而不是抽象的，它仅在面对困难时有用。

运动技能能够解决人们在运动的时间、空间和力量中所遇到的具体问题。

运动技能的外在价值是相当大的，我们日常生活中的许多活动都依靠某种类型的运动技能，即使是那些不选择运动、舞蹈或训练生活方式的人的活动也需要运动技能。运动技能作为一种手段价值的作用也是相当普遍的。难以想象缺乏运动技能而获得卓越、名声、知识、智慧、自由或其他的目的价值的情形。走路、讲话、打字、写作、雕塑，甚至是阅读都包括一定的运动技能。没有高水平的运动技能，我们生活的很多方面或其他许多的事情都会受到限制。

但是，有些缓和性的因素还须牢记。首先，运动技能的外在价值是伴随着诸多与体育运动无关的日常活动而产生的。例如，走路的技能最初是由父母教给我们的，且走路的技能无须教育的干涉就能得到充分的发展。

第二个限制与训练活动的相对独立性及运动技能对于维持健康的作用相关。即更确切地说，人们不需要多好的骨骼运动的技能，或长期的艰苦训练就能举重、走路、跑步、游泳或从事其他有助于健康的活动。因此，广泛的运动技能并不是维持健康或得到所谓的积极的生活方式所必备、必需的手段。

最后还必须注意作为工具的运动技能的价值在很大程度上依赖于运动、舞蹈和比赛的文化意义。换言之，由于体育这一职业强调的是身体活动所需的技能，所以它得有理由让人们相信在运动、舞蹈和比赛中，技能的有用价值不仅仅在于展现自己所掌握的技能水平，其价值在提高人们的生活质量方面也是有积极作用的。

技能的这种意义很难评估。有人认为，好的运动技能对于健康的自我概念和良好的社会技能的发展是有帮助的。但积极的自我概念和良好的自我感觉与好的比赛能力也可能毫不相干。不具备高超的运动、舞蹈、比赛的技能的人们也完全可能过着非常成功、满意和多彩的生活。

在体育这一领域中，我们在教授和促进活动价值的有用性时应注意以下三个方面。

① 体育这一职业大部分内容都被限制在了运动技能上，即那些与运动、舞蹈和训练相关的运动技能。但大多数情况下，它们却并非日常生活的必需。

② 许多日常的运动技能（如走路、骑自行车等）都是人们自己学会的。
③ 无须高水平运动技能也能拥有健康。

虽然在家庭生活、工作或在消遣时缺乏某些运动技能也可能实现好的生活，但在运动、舞蹈、比赛、练习和游戏中，好的运动技能却是不可或缺的。体育提供了一条重要的途径，尤其是对于那些生来就拥有强健的身体和好的运动基因的人而言，但这也只不过是一种方法而已，有许多可选择的路径可以到达好的生活目标状态。

（4）快乐的外在价值。

快乐不仅包括积极而有趣的情感体验，也包括无太多乐趣但能让人们体会到深刻满足感的体验。

在大多数教育和服务性行业中，快乐是相当有用的一种实用价值，体育领域也不例外。快乐，作为一种工具价值，源于它在促进重复和连续的行为中所扮演的角色。人们往往想继续延续或回到我们所喜欢、所欣赏的事情中，达到这一目的最好的方式便是使活动生动而有趣。

快乐也是一种培养文化素养的从属价值。充满快乐的重复能促进个体在价值、目标和意义方面的社会化。通过经常性的重复，一种生活方式可能会成为一种生活习惯。

快乐的外在价值是与其暂时性的本性相连的。有些外在因素有时能明显地影响快乐的程度。例如，熟悉性会影响快乐的程度，曾经非常快乐的活动过段时间或许会变得索然无味；人的情绪变动也是影响所体验到的乐趣程度的一种因素；群体活动中其他参与者的态度等外在因素也会在很大程度上影响我们所体验到的快乐程度；在运动和舞蹈中肉体上的疼痛或不舒服的感觉可能会妨碍感官上的许多快乐感。因此，连续地参与或重复仅仅基于感官快乐之上的行为是不够稳固的。

快乐是一种有用的教学工具，它能够促进学习兴趣的培养，快乐是发现真理、获得知识、实现卓越及其他东西的必要因素。快乐同样也是一个强有力的社会化的动因，因为社会化而进入文化意义的重复可能会影响到个人生活的方向和意义。但另一方面，快乐脆弱、暂时的本性降低了其价值的有用性。

（5）体能、知识、技能和快乐外在价值的优先次序。

在对以上四种价值进行了全面的考察后，卡里奇马（Kretschmar）根据它们在建构和谐而有意义的生活中的不等作用做出了由大到小的排序：①体能；②快乐；③技能；④知识。以上排序说明，体能在体育运动中是最有力的手段价值。一方面，体能的运用范围比其他的价值更为广泛，最低限度的能量和耐力是完成所有任务的首要条件，不管是静静思考还是剧烈运动，久坐还是非久坐，抑或运动还是非运动状态；另一方面，较另外三者，体能是达到其他目的价值更为必要的手段，没有了健康，一切无从谈起。快乐的价值在于它在作为一种教学和社会化工具方面所起的作用，其使用范围和力量远抵不过体能；快乐也是发展运动技能的一种更必需的手段，所以它是一种比技能更有用的工具。知识因其与行为的改变有不确定关系的弱点而被排在最后一位。

3. 体育内在价值的排序

本部分所讨论的是体能、知识、技能和快乐这些价值本身的重要性及其内在价值的先后顺序。

（1）体能的内在价值。

正如前面所讨论的，体能是追求完美、活泼、有意义的生活的一种有效手段，是一种所有人都信奉的有力的内在价值。拥有旺盛的体力和好的耐力的人相对于那些健康水平较低及运动能力较差的人多了许多机会。但人是寻求意义的生物，大多数人并不满足于仅仅生存的状态，而总要利用自然的生命去创造生活的价值和意义。人之为"人"的本质，应该说就是一种意义性存在、价值性实体。人的生存和生活如果失去意义的指导，成为无意义的存在，那就与动物的生存没有两样。最起码的生存并不能体现人类的潜能，也不能表现人能是什么、能成为什么。

因此，体能生活的满足是最低限度的本性。我们都承认健康地活着是内在令人满意的，但这只是好的生活的起点，而非终点。从本质上讲，体能对于生活的满足程度的影响是非常有限的，人们想拥有超越最起码的生存、体力，甚至健康的更多的生活体验。

上述阐述表明与健康相关的体能虽然有一定的内在力量，但其功能更多的是一种基准或最小的价值。好的生活应当是健康的，但却绝不仅止于此。所以说体能对生活的满足是最低限度的本性，就满足的标准及确保生活一致性的标准而言，其价值要弱于其他类型的价值，它对于生活满足程度的影响是非常有限的。

（2）知识的内在价值。

知识是一种富有洞察力的令人满足的体验，其主要价值就在于它是运动情景唯一可确保的价值。运动中的人所寻求的是自身在比赛中的地位及在与他人相比时自身技能水平的高低。因此，比赛中的平局就不是令人满意的体验。竞争者必须再次比赛，只有这样，他们才会最终知道谁是最好的。

知识是体育的一个重要的目的价值，它作为一种内在价值很容易被理解（知识的体验不需要进一步证明），能带给人们满足感（知识所带给人们的平静与自由是让人欣慰的），也能提供给人们一些生活上连续性的体验。不过，它也有其明显的局限性。一般说来，人们是从已有的知识而不是从沉思中获得对生活的满足的。例如，与其说掌握可以带来好的表现的知识，大多数人更愿意以知觉能力、运动技能及确保好的比赛表现所必需的肌肉力量来以身体现它们；对运动竞赛迷恋的人更多的是想体验因其中的不确定性而非获取知识；体育中的许多知识都是非个人的；书中或其他地方的命题或事实可能无法产生实际的、有生命力的、内在的、连续性的、有意义的体验。

信息和事实无疑能引导人们的生活方向，赋予人们以生活的意义，帮助人们找到自我、确认自我、找到自己的价值之所在，也能使人们从偏见和狭隘思考中解放出来。但是，有意义和连续性生活的思想、建议或技巧却不足以确保好的生活。正如能评论一场好的比赛的学生却无力参赛；有些研究人类生活的学者能谈论一种好的生活，却无法拥有美好生活那样。

（3）运动技能的内在价值。

技能是一种实践知识。因为技能与发现、精确、正确或真理有一定的关系，所以，如同前面讨论的建议性的、理论的、实践的、实验的和书上的知识，技能也具有某些内在的属性。

当我们在运动中形成了一种正确的技巧且能够灵活应用时，我们就会有一种安稳与舒适感。熟练的技能会带给我们原作者的自信感，无论是在比赛、日常训练和舞蹈之前，还是在其过程中，我们都会相信自己能够轻松驾驭，而且还会留给我们自由发挥的余地。

当技能反映的是书本知识、事实或命题的真相时，它会给人一种平和、宁静和自由的体验。当我们受到信息的启发，当我们对某些事情不再困惑、泄气和无知时，我们会有一定的欣慰之感。

这种体验的特性突出表现在我们称之为高峰表现或流畅体验的过程中，是技能实践的最高目的，许多人在运动中会有毫不费力、恰当、自发的体验状态，这样的时刻是罕见、令人难忘，也是难以重现的。这种具有启迪性和适度幸福感的生活是令人快乐的。

由此，可以说技能作为目的价值，带给生活的满足程度要高于知识。技能在基本推论——持久性原则上优于知识，人们从讲座、阅读、实验或以其他手段而得到的零散的事实或信息的持久性是很差的，一夜之间就有可能被忘掉。而技能则相对稳定，像游泳和打球等技能，即使许多年未曾练习，也不会消失。

但即便技能是好的生活中一个重要的组成部分，我们也并没有理由说好的生活所包含的必须是运动技能而不是其他程序上的知识。例如，我们没有理由说因打篮球而带来的满足就一定优于通过快速解出代数方程式或富有表情地演奏莫扎特的钢琴曲而获得的快乐。由程序化的机器人所产生的美好的、优秀的表现并不是好的生活的组成部分。技能及其伴随的优秀和自由需要特定的背景、文化和意义。简言之，运动技能如果想展现其全部的内在价值，需高度依赖游戏的意义及游戏过程中所带来的快乐。

（4）快乐的内在价值。

人的所有问题追根溯源，都是为了追求人的幸福。伊壁鸠鲁认为："快乐是生活的开始和目的。幸福是我们天生的善，我们的一切取舍都从快乐出发，我们的终极目的仍是得到快乐"。快乐是因事物自身的原因而产生的，常发生在参与者投向某些引入之物的环境中，它以满足、快乐、愉快、惬意等本质上是好的东西为基础。快乐的经验是不需要进一步证明的，我们寻求快乐是因为我们想体验它，而不是因为想让它产生其他的东西。快乐带给参与者的体验是相当强烈的，人们甚至会忘却时间的概念，且常被体验所俘获，连自己都无法解释为何会愿意为之花费那么多的时间。例如，当过后人们被问及：为什么会花费时间、精力去跳舞、打曲棍球或登山时，这些人常会说他们体验到了许多快乐，那是有趣的。

我们参与游戏的原因并不是因为游戏是理性的、敏捷的或合理的，而是因为被周围的世界所吸引、我们不能自己、某些事情激起我们的兴趣、使我们着迷、挑起我们的挑战性才进行的游戏。在快乐和趣味性游戏中，我们可能会偶然发现其全部的价值、目的和角色，且我们可逐步将其拼凑进我们的生活，体验一种生活的一致性。

就满足的标准来说，很难在快乐和技能之间进行选择。富有趣味的体验或基于高超的技能基础之上的体验都是令人满足的，很难决定哪一个带给人更大的满足感。但就一致性的标准而言，快乐比技能有微强的优势，尤其是在这些优势与游戏相关的情况下。生活一致性或叙述性意义的体验与游戏相关。历史感、位置感、生活中人的角色感、指导人们行为的价值观，都能在游戏的氛围中被加强、强化。我们进行的游戏越多，体验一致性、进步性的机会就越大。

另一方面，在游戏的氛围中，快乐是自我满足的，是独立于技能而存在的。拥有更高技能水平的人可能会拥有更多的或更深层次的游戏体验，但技能在使游戏控制人的生活方面却并非必需的。拥有很少知识和技能（运动的或其他的）的儿童，却可能拥有丰富而又难忘的游戏体验。

（5）体能、知识、技能和快乐内在价值的排序。

基于前面对于体能、知识、技能和快乐内在价值的分析，卡里奇马做出了如下的排序：①快乐；②技能；③知识；④体能。尽管体能作为手段价值是异常有力的，但当考虑其目的价值时却是最低的。我们想要的不仅是健康和长寿，我们并不仅仅只满足于体验生命、生存或健康，体能自身的特性决定了它对好的生活的贡献是微乎其微的。

知识也有许多弱点，尤其是在确保生活的意义及一致性方面。合理的建议未必能让人洞彻生活的真谛。尽管陈述能描述生活的连贯一致性和意义，且能给予人们许多关于生活奥秘的技巧，但它们却未必会改变生活并使之连贯。简言之，了解意义和一致性是一回事，而去体现、拥有或经历则又是另一回事，因此知识的排序低于技能。

而获知事实、理论和思想的体验，通过实验而有所发现后的满足，通过阅读和学习而了解体育后的喜悦，都有重要的内在价值，都是好的生活的重要组成部分。受启发后的体验比生命自身对好的生活的贡献更大。因此，与健康和行为有关的知识的价值是高于体能的。

我们把第一的位置给了快乐，因为它比技能更能确保好的生活。例如，缺乏意义、游戏因素及随之而来的满足感的篮球技能的体验比不上以篮球为中心的一致性的体验。

4. 体育外在价值和内在价值的全面排序

在体育外在和内在价值的排序上，体能与快乐分别位于各自之首，但无论在哪种排序上，快乐都高于运动技能，而在每种排序中，运动技能都紧跟于快乐之后。与健康相关的知识占据了较低的位置，体能以其非常有力的外在价值而高于知识，知识内在的优越性使其在最后的排序中与体能相邻。

体育运动应致力于人类的发展和教育，而非医疗健康的维持、娱乐性的再充电、工作支配下生产效率的提高等。简言之，体育运动的目标应围绕人来定位，而不是人的肉体；应围绕内在价值来定位，而非功利性目的。如果我们想为体育的未来发展寻找正确的方向，如果我们想寻求一丝高于价值的激情，让生活有些许重要的、有意义的改变，那么，我们应当注意以下几点。

（1）倡导因事物自身的原因而为之的行为，应当提倡热爱比赛、舞蹈、训练和运动过程的行为；个体应重复和突现有意义和有趣味的生活价值，从而使这些行为丰富我们的生活经历。

（2）尊重留给人深刻印象的智力工作，看重能够指导实践的知识，重视运动中的事实。除此之外，我们也不为这种如何做的知识并非完全来自书本或一些高技能运动者并不是高级的运动理论家的事实而辩解。

为完成这样的任务，我们必须能够做到以下几点。

（1）清晰明确地指出认为体育只是肉体的参与而与人的精神参与无关的二元论的错误观点，并且让社会信服，体育运动中亦存在完全的、纯粹的思想者。

（2）清晰明确地指出技能是知识的一种形式，能够满足更高标准的智力活动，而不仅仅是身体活动的需要。

（3）清晰明白地指出知识对人类潜能的开发诚然是至关重要的，但是运动技能的重要性并不亚于旨在促进探索、表达、独创性和创造性的人类沉思久坐所需要的技能，即使是达到了卓越的境界，技能依然是人类最基本的价值和意义。

（4）清晰明白地指出作为体育运动的意义和重要性的本质源泉的游戏的价值之所在。

四、体育的价值选择

（一）社会发展价值选择的理论依据

真理因素和价值因素的统一、理想和现实的统一是社会发展价值选择的理论根据。社会发展价值的选择一方面要求符合人类社会历史发展的一般规律；另一方面要求从社会发展的现实条件出发，能满足社会主体发展的基本需要，同时指向主体的理想要求。社会发展价值选择的规律性是价值原理服从真理原理的客观要求，目的性是真理原理服从价值原理的目的要求。由此可以说，坚持真理因素与价值因素的统一是社会发展价值选择最基本的要求。

马克思从人的存在状态出发，把人类社会的发展过程区分为三个阶段，归结为三种历史形态。自然发生的人的依赖关系是人类社会发展的第一阶段；以物的依赖性为基础的人的独立性构成人类社会发展的第二阶段；建立在个人全面发展和他们共同的社会生产能力成为他们的社会财富这一基础上的自由个性是第三阶段，也就是可以预见到的最高发展阶段。但是社会发展价值的选择必须以社会发展所处的历史阶段为基础，不能提出超过社会发展阶段的特殊要求。

同时，社会发展价值的选择源于社会主体的基本需要，而主体的基本需要又是和社会发展的现实条件相一致的。社会发展价值的选择是依据现实社会发展状况的不满和对实现理想社会的愿望而定的。满足人的发展需要是社会发展价值取向的基本准则，而人的发展需要是同人所处的历史现实条件分不开的。随着社会发展的前进和人类生活的进步，人的发展需要具有递进性，人总是立足于现实社会，展望着理想社会，以此客观上推动着人类社会的不断前进。因此，不同的社会发展价值都各有其历史性特点，这些特点相对于不同的条件而表现为优点或缺点，我们不能抽象地谈论某一特定社会发展价值选择是否更为优越的问题，而只能在其具体条件下，看其是否更具有适当性。

（二）价值选择的理想境界

价值选择在一定意义上就是人实现和确立主体性的过程，是认识客体、改造客体，使客体"为我存在"，实现主、客体和谐统一的过程。实现这个过程实质上是人类按照真善美，为了真善美，最后达到真善美统一的过程。伟大的科学家爱因斯坦说过："照亮我的道路，并且不断给我新的勇气去愉快地正视生活的理想，是真、善和美"。真善美是人类生存和发展的基本形态和共同主题，它们构成了人类生活和人类世界的基本轮廓，表现了人类的共同价值取向和最高的理想境界，也是人们在实践创造中应共同遵循的尺度。价值选择的理想境界虽然是一个渐进的过程，但人类每向它靠近一步，它就会在相应的程度上推动着人类的进步。也就是说，人类越是拥有更多的真善美就越是获得了更多的解放和发展，这是因为以下几点原因。

① 价值中的"真"，既是一种知识境界，也是一种道德修养境界，它体现着人与人的和谐、统一，人对"真"的价值追求，是为了理解客体，把握客体，实现人对客体的主体性，因而追求"真"是极有意义的人生活动。"真"可以造福人类和推动社会的文明进步，可以帮助人类改善自己的实际处境，可以净化人们的心灵和完善人的德行，可以使人们从必然王国升华到自由王国，可以确证人的本质力量，体现人的创造智慧、才能和生命，从而促进人的全面发展。

② 价值中的"善"，可以维系行为主体之间的同构共识，调整行为主体之间的合作关系，保持社会生活的安定有序。"善"也可驱使行为主体按照一定的社会规范行事，以保证人的活动目的、活动方式、活动过程及其结果的正当性、社会性，从而保证实践创造活动的合理性质。"善"还可以强化行为主体的社会责任感和使命感，坚定人们扬善抑恶的进取意志和内心信念，提高人们的理想境界，塑造人们的理想人格，从而创造出人与自然、人与社会、人与人、人与自我彼此协调和谐的氛围，使人全面地实现自己的价值和尊严。

③ 价值中的"美"，在一定程度上反映着一个社会的文明发展程度，集中标志着一个社会的进步水平，更是表现着一个社会认识世界、理解和改造世界的力量。对价值中"美"的追求与选择，有利于全面强化人的本质力量，促使智慧的开发，激发自由探索精神和带来无穷的创造力量；可以丰富人们的生活，美化社会环境，提高生产劳动质量，促使劳动者的身心全面发展，陶冶人们的道德情操，升华人们的精神境界，造就融洽宽松的人际关系，提高社会与人自身的文明程度，塑造更加完善的人与世界。

总之，追求真善美的有机统一，是价值选择的理想境界。价值中的真善美是相互渗透、相互作用的。在真的价值、善的价值、美的价值统一的境界中，人将逐步成为全面发展的人、尽善尽美的人、自由的人，世界成为充满人生意义的世界，人成为世界自由自在的真正的人。

（三）社会发展中体育价值选择的历时性变化

价值观作为一种意识和观念，在不同历史阶段和不同的社会制度中，由于人们所处的社会环境、社会地位及参与社会实践的情况等因素的不同，会导致人们的利益和需要不同，所以也就会有不同的价值取向，形成不同的价值观。

体育活动是人类在漫长的历史过程中根据自身的需要而创造出来的一种特殊的活动。人们在从事体育活动的过程中，通过对体育中所包含的多种满足人们需要的价值属性的了解，逐渐形成了对体育的总的价值的看法，即体育的价值观。它是人们以自身需要为尺度来评价体育这种社会现象的存在和发展的根本观念，是体育意识的具体体现和清晰的表达。体育价值观的形成是一个不断发展、演变的过程。随着社会的发展，体育实践活动的不断深入，人们的体育价值观会日臻科学与完善。

1. 从生存到提高生产力再到对人全面发展的完善的体育价值观

人类早期的需要主要是生存的需要，人类早期的各种活动包括体育活动，也主要是围绕满足生存的需要来进行的。在体育活动的初期，由于受体育本身发展的限制，受到体育实践水平的限制，人类在体育实践的过程中对体育的价值只是一些朴素的、经验的、零散而又肤浅的认识。比如说对体育活动能提高人的生存能力，能强健人的身体等的认识。这是初期人类体育价值观所必然具有的特点。

随着体育的不断发展及人类体育实践的不断深入，人类对体育活动所包含的丰富的价值属性开始有了较为全面的认识。在奴隶制时期，人们已经认识到体育具有教育价值、军事价值、强身价值、医疗价值、道德价值、审美价值、娱乐价值等多种属性，并且开始自觉地利用体育的这些价值为满足社会和个人的诸多不同需要服务。如古代印度形成了具有民族特色的医疗卫生保健活动和修炼身心的瑜伽术。中国则形成了较为系统的养生体育和养生理论。

在体力作为生产力重要组成部分的近代社会，体育培养体力强壮的生产者,可以生产更多的物质财富;增强体质就是增强生产劳动力,几乎可以直接导致产量的增加;生产的目的是为了再生产,所以体育在这一历史时期主要被用作提高生产力的一种重要手段。受西方体育文化的冲击,近代体育在我国已不再仅仅被认为是个人修养和娱乐方式,而被视为是人的基本需求,是国家强盛的需要。

进入21世纪的后现代社会,人们的余暇时间完全从工作时间中脱离出来,体育已不再仅仅是一种手段,而渐渐成为人们生活的目的。我们的身体运动方式在整体上脱离了生产劳动领域,而且出现了违反生物节律和其他自然规律的异化状况;在生产方式快速升级、体力劳动大幅减少的背景下,人类整体上出现"肌肉饥饿"现象,人们比以往任何时候都需要体育。这种意义上的体育从主要满足生产需要而对人体的"修复"转向了真正为了人的全面发展的"完善"。

2. 20世纪中国体育文化价值选择的历时性变化

如前面所述,价值观念的形成既受主体利益、需要的制约,不同民族、不同阶级、不同时代、不同人群有不同的价值观念,同时又受时代因素的制约,特别是科学技术发展水平、生产力发展水平和时代特点,还有文化背景的制约。中国特有的历史文化背景决定了中国体育所特有的价值选择,体育自19世纪末由西方引进中国起,就先后经历了以下几个阶段。

(1)带有"军事"色彩强国强种的阶段(1894—1949)。

19世纪末至20世纪初的中国人在探究国贫民弱的缘由,寻求致富强国的出路时就把摆脱"重文轻武""重道轻艺"的传统价值观念和行为模式视为培养"济非常之变"的"非常之人才",重铸国魂的切入点。资产阶级改良派不仅从占统治地位的传统社会文化指导思想中分析了导致国家贫弱的思想文化根源,同时也引进和提倡"尚武"为核心内容的军国民主义教育思想。

维新派在寻求救亡图强的过程中也认识到国家富强的基础取决于国民的素质。由此主张在国民教育中实行尚武为核心的军国民主义教育,以增强国民的"体力、心力、群力",全面提高民族素质,实现富国强国的目标。在"五四"新文化运动的推动下,中国人开始了对体育文化价值的再一次选择。

20世纪20年代以后,实用主义、自然主义教育思想的引进不仅动摇了以军国民教育思想为核心的教育宗旨、教育目标、教学原则和教学方法，也冲击了"体育=尚武=军国民教育"的价值观念，在反思兴学以来体育发展的历程中，引发了一场何为体育的前所未有的大讨论，并导致了兵操体育的衰弱。但人们对体操过分片面或偏激的看法，忽视了体育对增强体质的主要作用和价值，对后来体育的发展带来许多不利的影响。

毛泽东同志于1917年在《新青年》上发表的《体育之研究》一文初步形成了建筑在近代科学基础之上的体育思想。文章指出体育是一种有规则次序的"人类自养其生之道"，其作用能"强体质、增知识、调感情、强意志"，使人"身心并全"。文章对当时学校的教育做了痛彻而形象的批判，反对重文轻武，重申学校体育必须"三育并重"，甚至从某种角度说，体育应占第一位置。

1949年中华人民共和国成立后，体育的性质和地位发生了根本性的变化。1949年9月，中国人民政治协商会议通过的《共同纲领》规定要"提倡国民体育"。同年10月，朱德代表中央人民政府和人民革命军事委员会在全国体总筹备会上讲话，将体育确定为"文化教育工作的一部分，也是卫生保健的一部分"；指出"过去的体育，是和广大人民群众脱离的。现在我们的体育事业，一定要为人民服务，要为国防和国民健康的利益服务"。冯文彬则进一步提出新民主主义体育方针应当是民族的、科学的、大众的；"要把体育活动和一般新民主主义的建设结合起来，反对为体育而体育，脱离人民的思想和办法。……为人民的健康、新民主主义的建设和人民的国防而发展体育。"

1952年，毛泽东题词："发展体育运动，增强人民体质"，更是一语道出新旧体育的本质区别。这些都明确界定了新中国体育的性质、目的和任务，确立了体育在整个社会结构中的工具价值和功能。体育的目的、内容和组织形式等各方面，都要服从于社会、人民的利益，为群众体育活动的普及、运动水平的提高以及赶超世界先进水平打下坚实的基础。

（2）为国争光，体育为政治服务阶段（1949—1976）。

虽然1949—1965年被认为是恢复与创建时期，1966—1976是停滞与封闭阶段，但体育为政治服务是这一时期的主要表现。这一时期是大众体育与竞技体育相结合、共同发展的时期。总体说来，在20世纪80年代以前，国家是把竞技体育放在优先地位来考虑的，中国体育的角色定位是振奋民族精神，让世界了解中国，集中有限资源，突出发展高水平竞技运动。这一"工具论"的价值取向在一定时期发挥了积极的作用，使我国的体育事业有了大的发展，尤其是竞技体育取得了举世瞩目的成绩。竞技体育取得的辉煌成就，在巩固国家政权，提高国际声望，唤起全民的爱国主义热情，增强民族凝聚力，振奋民族精神方面做出了特别突出的贡献。但是随着社会经济的发展，也越来越多地暴露出了它的弊端。由于过度重视竞技体育而忽视了群众体育，使得在新中国成立后的几十年里两者发展失衡。重竞技体育轻群众体育，重金牌轻全民健康，把金牌看得高于一切，在全国各地都是普遍存在的现象。体育工作成败好坏往往从金牌的数量来评价。金牌过热扭曲了体育的完善形象，最终阻碍了体育事业的健康发展，造成群众体育发展缓慢，甚至停滞不前。在一定程度上来说，人民群众的体育权利受到剥夺，个体的全面、自由发展受到抑制，压抑了人民追求幸福生活的良好合理愿望，出现群众的迫切要求与群众体育工作相对薄弱的矛盾，使中国群众体育的发展明显滞后于高水平竞技运动。

（3）"全民健身计划"和"奥运争光计划"阶段（20 世纪 80 年代中期至今）。

但在 20 世纪 80 年代中期以后，随着不断增长的社会需求的变化和综合国力的增强，国家又调整了竞技体育优先发展的战略，而确立了群众体育和竞技体育协调发展的战略思想。其基本点是：体育与经济、体育与文化、竞技体育与群众体育协调发展；通过协调发展，最大限度地发挥体育的功能，提高体育适应社会多种需要的综合能力；两手抓、两手硬，以协调来达到良性循环，最终达到体育为增强人民体质和人的全面发展的大目标。"全民健身计划纲要"和"奥运争光计划"正是协调发展战略思想的具体体现。这一战略思想的确立与有效实施，改变了过去重竞技体育、轻群众体育的偏向。

随着 21 世纪后现代社会的到来，我国的体育必然会从政治漩涡向文化领域回归，走向以群体利益为重、长远关注个体和人类发展的立体层次，显示被遏制已久的人文精神，突出其文化内涵，充分满足人各方面的、深层次的需要，向个人本位的人文主义精神复归，休闲体育、终身体育逐渐成为主流的变迁。国际大众体育协会主席帕尔姆先生曾预言："如果说 20 世纪是奥林匹克运动世纪的话，那么，21 世纪必将是大众体育的世纪"。

新世纪体育作为人们追求"健康的生活方式"和"终身健康"的价值必定会得到全面发展和弘扬。

3. 当代中国人发展的现实条件

改革开放短短三十年，中国人经历着西方人要几百年才能经历的社会深刻变化。时间的仓促使中国人还未来得及享受生活消费资料的极大丰富，就跌入到文化价值冲突的泥潭中。中国理应经历市场经济的充分发展，实现人的第二阶段的存在状态，即"以物的依赖性为基础的人的独立性"状态。因为数千年的封建统治，造成中国从未形成具有真正独立人格的个人存在，靠天吃饭的自然经济使人屈从于自然的支配，加上家国同构、宗法一体的封建政治文化传统又把人牢牢地系在了血缘纽带之中，没有人能够完全属于他自己，既没有属于个人的天地，也没有属于个人的生活。中国社会主义市场经济的施行为个人能力的发挥、独立人格的发展提供了广阔的空间，满足了"经济人"发展需要的要求，为个人全面自由的发展创造着现实条件。市场经济是在高度分工基础上形成的独立个人之间的一种社会交往形式和联系方式，摧毁了自然经济所形成的那些束缚个人自然性的依赖关系。经过市场经济的培育和锻炼，形成了具有自信、自主、自律的能力，这是追求人的全面发展过程中必经的、不可缺少的阶段。人的全面发展过程是和人的需要密切联系的。人的需要是人自身的规定，即人的本性，这是人全部活动的内在动因。需要的满足，表明外部世界逐步同化于人，并转化为发展因素；需要的发展，是"人的本质力量的新的证明和人的本质的新的充实"。市场经济的发展客观上促进了人的发展需要，实现着由"经济人"的发展需要向"文化人"的发展需要的转变，并促使自然经济条件下自然人的本性向人的全面自由发展的实现、向人之为真正"人"的理想目标迈出一大步。

人的发展需求除了源于社会发展的现实条件外，还源于对人性本质完善的追求，源于对理想的不懈努力。这是由人之为人的"类本质"所决定的。人不仅有对物质利益的追求，还把对自己的全面发展当作永恒的追求，把不断完善自己当作毕生的义务。任何对物质利益的追求都包含着对真善美的精神追求，都体现着人之为人的这一本性，这一本性就是要超越个体本位的狭隘性，站在更高的境界观察、反省自身和他人、人类和自然的关系，体悟"类存在"的意义。人的双重发展需要决定了我国社会发展价值选择的双重内容。

一方面，我国正处在大转型时期，处在"以物的依赖性为基础的个人的独立性"阶段。所以，服务与现代工业文明的科学技术理性和人本精神应在中国社会发展价值观中取得主导地位。前者能促进中国社会生产力的发展，满足"经济人"的发展要求，适应这一新形势的要求，走向现代化的中国确立了科学技术是第一生产力、社会发展以生产力的进步为尺度的价值取向。后者能够促醒中国人普遍缺失的主体意识、批判意识、创造性和自由自律的本质特征。二者相辅相成，共同满足于当代中国人的自我发展需要。另一方面，我们必须顺应人类整体的发展走向，跟上时代的潮流，满足人的本性趋于完善的需求，淡化种族、民族之间的先天差异，从"类本质"概念出发，注重可持续发展。用类本性的基本理念去引导人的发展，使之不断的趋于自觉的"类存在"阶段。

我国已进入全面建成小康社会决胜阶段，中华民族正处于走向伟大复兴的关键时期。由于历史、文化、社会政治经济等方面的因素，在较长的一段时间内中国社会转型与体制转轨同步进行，使得目前我国社会发展呈现出不同于一般社会发展过程的特殊性。这种社会发展与特殊国情的互动，正是当下体育价值取向的基本立足点。已有的体育价值取向经过长期的社会承认和历史强化，具有一套固定的功能结构，并形成了与之相适应的思维方式。改革过程的不完善所造成的困惑，理论与实践的"二律背反"，国人的怀旧与急于求成的心态等，又都给体育价值选择带来困难。

当下中国体育价值取向的变化，就是在这样的复杂背景中逐步完成的。在发达国家逐渐进入后工业社会之际，出现了体育的社会化、终身化、生活化的潮流。我国体育发展同发达国家相比，总体上还处在一种"迟发展"的地位，在这种情况下，既要积极寻求发展，又不能超越基本国情和承受能力搞超前发展，或违背体育发展的客观规律搞片面发展。走可持续发展的道路，弱化工具性价值，强化体育自身的价值，追求人的全面发展，是当下我国体育价值取向变化的主要趋势。更健康、更人文、更快乐、更人性的人文主义体育内涵才是新世纪中国体育正确的价值取向。

五、对当代体育价值观的评判

（一）当代体育：世俗的还是神化的

许多学者都通过游戏（play）这个中介来探讨过体育的意义及其重要性。

其中最有影响力的要数被称之为游戏论之父的荷兰著名学者赫伊津哈（Huizinga）。在其创新作品《游戏的人》中，赫伊津哈认为，西方文化的历史表明人们日常生活中的游戏成分正逐渐被淘汰：宗教、法律、社会关系，尤其是劳动的理性化，已经把偶然、鲁莽和不确定的因素从日常生活中剔除了。现代工业已把大多数劳动降格为枯燥的流水线，缺乏创造性和技艺。现代工作生活的理性化、机械化、呆板、单调的景况，驱使人们在游戏的世界中得到暂时的解脱。赫伊津哈的态度即是对当代体育商业化的批判。他认为，对体育的商业开发已经把游戏（play）变成了一种工作（work），使运动员的快乐从属于观众的快乐，同时，把观众贬为媒体形象中的消极消费者。他把这种变化描述为："一次极其严肃的致命变动。"游戏的成分正从体育运动的仪式内容中被剔除，体育成了大多数人寻求的一种景象："世俗的再创造和粗糙的哗众取宠。"

拉希（Lasch）认为比赛的商品化危及了体育的价值，使观众曲解了对比赛本质的理解。仪式、礼节的成分让位给了对观众数量和丰厚利润的追逐。"电视重新安排了运动员的日程安排，剥夺了他们体力恢复和个人自由支配的时间。"拉希认为，运动表现的恶化不是职业化或竞争的结果，而是由于比赛惯例的土崩瓦解。"正是在这一点上，仪式化、戏剧性的体育都蜕化成了一种场面。体育运动堕落的原因不是由于它太严肃了，而是太琐碎了。"与赫伊津哈的观点相反，拉希把体育的腐化归因于缺乏严肃性，而不是过于严肃。赫伊津哈对现代体育的批判是因其仪式意义的缺失及其过分的严肃性，而拉希则是因其未能保持仪式的真正含义而萎陷于一种场面而加以批判的。

游戏（play）和规则游戏（game）的严肃性是一种幻觉，一旦幻觉消失，play，game和sport就会变得更为轻松活跃。正是因为它们不够严肃，才成了市场化、琐碎性的产品。运动员、推销媒体等正在削弱这种幻觉。运动员把自己定位为娱乐者，推销商倡导场面性的事件，如半场休息秀和焰火展示等场面性活动都分散了game的集中性和严肃性，场面变得比比赛更为重要，但我们知道这只不过是过眼烟云般表面而虚幻的东西，绝非体育的初衷本意。媒体以揭露为目的，充分把握每一次机会暴露sport中的平常、琐碎而又在所难免的易错之事。人们把play的概念用作从劳动世界过滤出的一个纯粹世界，但却没有赋予它文化的含义。在这样一个超脱的世界中，

play 不再能"使现实具有戏剧性,展示一种有说服力的公认价值。"正如赫伊津哈所指出的,正是理性化进程中人们日常生活世界 play 成分的丢失引发了人们寻求纯粹的游戏世界的愿望。但是,创建独立的游戏领域的结果不是使它变得更为严肃了,而是如拉希说得更为琐碎了。

sport 对其他目的的辅助性作用产生了一种文化背景——结果价值高于表现价值。资本主义的实践利用 sport 实现了其他的目的,这进一步证实了工具理性的蔓延与泛滥。测验卓越程度的获胜被排挤在这一文化背景之外,即活动内容从属于对金钱与权力的追求。正像拉希所指出的,问题的关键不是人们把 sport 看得太严肃了,而是不够严肃,以至于未能保持体育自身所固有的目的价值。

（二）当代价值观对体育的影响

1. 结果高于表现的当代价值观的原因剖析

在现代文化中,表象的好要比真正的好更重要。在现代体育中,社会所普遍关注的是比赛的结果,而不是比赛的过程、比赛的方式。记分牌上显示得好要比成为一个真正的好人、一个真正的好运动员更为重要,原因何在？

赛德勒（William Sadler）对于存在文化、成为文化、行为文化和拥有文化的区分向人们说明了人们日益注重体育比赛结果,轻视比赛过程的原因之所在。这四种文化形态依次为存在文化、成为文化、行为文化、拥有文化。

（1）存在文化（being culture）。其典型特征：是一种原始的、高度传统化的有机存在。人们坚信,一生的伟大时刻在于过去,现在只是辉煌过去的延伸。在这种文化形态下的人们往往是宿命的,受过去和自然力量的主宰与控制。他们并不迫切希望改变自己的命运,而是把所发生的一切看作是不可避免的。过去的生活价值通过强调礼仪和风俗而在现在得以重演。个体遵照大自然的要求,通过完成集体分配的任务来表现群体的愿望,以发现其自身的存在价值。存在文化中的宗教主题不在于揭示或理解,而在于牺牲、为获取某物而放弃另一物。

（2）成为文化（becoming culture）。其典型特征：现在才是最重要的,过去的已成过去,未来仍为未知。人们尊重大自然的必然性及其强大的力量,但同时也不否认它为人们提供的诸多机遇与可能性。人们不再将自然视为主导性的,而是将其视为未来的生活伙伴。个体通过与他人的合作而非屈服和遵从来寻求自我发展,生活的目的是为了实现人的潜能。在这种文化形态中,个体和社会都在努力寻求卓越,然而对于获得什么,怎么获得,却有一些内在的限制。在古雅典,最大的罪过就是不可一世的傲慢、自诩与无知的状态。在这样一种文化背景下,竞争不是分布有限的资源的需要,而是驱动竞争者去追求更高卓越标准的必要手段。

（3）行为文化（doing culture）。其典型特征：未来比现在更重要,现在诚然重要,但它只不过是通向未来的铺路石,所以未来才是更好的去处。大自然既不是压迫性的,也不是人类的伙伴,而是有大量原材料可以利用的存储之地。在古雅典,人们强调人类能力的有限性,并害怕超出这些限定。在行为文化中,人类的能力是未知的,永远也不可能超越。其活动的标准是：做事、生产产品、完成事情。人们看重努力工作、重视生产,不太注重社会关系、方式、风俗或他人的感受,一切以生产为重。为追求成功而付出的努力,不仅是一种有价值的活动,而且是一种正义体系,进而导致了竞争的制度化。竞争的功能不再是使人类的潜能得到最大限度地发挥,或获得最高的卓越,而是一种获得主导地位的方式。获胜本身成了一种美德。

（4）拥有文化（having culture）。其典型特征：从生产到消费的行为转换。在行为文化中,人们所做的一切决定着其社会地位；而在拥有文化中,人们所拥有的一切决定着其社会地位。行为者或生产者所看重的是将来所得的回报,而拥有者或消费者所寻求的是短期需要的即刻回报。在拥有文化中,人们不只把自然看作可用于生产的物质,而且还是可拥有、消费或占有的财产。获得物质的方法并不重要,消费是其标准性行为。拥有,作为显赫消费的一种,被视为个人财富的展示,道德变得一文不值。以生产为基础的文化,至少需要成就与一定的能力；而消费文化,所仰慕的是巨大的贪欲及对自己行为的极端放任。行为文化和拥有文化可被视作是当代世界文化的直接反映。

以上概述的四种文化类型亦显示了西方社会的文化发展流。希腊荷马时代到启蒙运动时期是存在文化向成为文化过渡的时期,当希腊归属罗马统治以后,欧洲社会又退回到了成为文化的类型,而启蒙运动又促使了成为文化的重生,这一时期的文化并未止于成为文化,而是步入了行为文化的类型。行为文化和拥有文化可被视为现代社会文化类型的直接反映。从第三种文化形态开始,人们注重竞争、生产、实干；他们对成功的看法导致了竞争的制度化；注重竞争本身的价值，出现了不惜一切代价获胜的苗头。在拥有文化形态中，人们注重其所拥有的地位和财产，寻求短期回报，贬低道德，为了满足自己的各种欲望，使自己放任自流，不计手段地达到自己的目的和目标。在体育领域亦是如此，尽管有各种规定和规则限制，仍有大批运动员使用兴奋剂，形成了愈演愈烈之势。

启蒙运动反对迷信，提倡科学，宣扬用理性去批判世界的一切，其基本精神正如狄德罗所说的那样，"是推翻偏见、传统、古法、普遍的同意和权威，除了感觉和理性所能证实者之外，不承认任何其他事物"。无疑，启蒙运动是人类历史上的一大进步，它使新思想更加成熟，对旧意识的清除更彻底。它借助理性思考和理智的力量把个体从传统权威的锁链中解放了出来，使其获得了自身的自由与解放。但是这一历史的重大转折却遗留了一大问题：这一时期所缔造的科学方法却无法发现、创造价值。尽管科学方法成功地解释了物质世界：牛顿所运用的数学方法让人们更进一步的理解、认识了宇宙，但却未能找到上帝到底身处何处；暴君的武断统治及其错误信念受到了猛烈的攻击与破坏，即便是上帝的虔诚信奉者也开始对其存在产生了质疑。近代西方哲学大师康德（Immanuel Kant）把上帝的存在视为人们政治、社会乃至哲学生活的重要组成部分，尽管科学方法成功地解释了物质世界，但科学并不能充分解释人的全部存在，而这又会致使人们把科学的方法不恰当的应用到了处理人际关系上。

所以说启蒙运动未能提供一个理性的价值基础，因而留下了道德上的真空。由于缺乏具体的道德框架，因为事物或事情本身的原因而努力为善的行为就让路给了为了达到某人自己的目的而试图让人看起来好的做法。在这种表象大于实在的情况下，对与错就不再是问题的关键，权力是其自身的箭牌，形象与风格要比价值与目的更重要。观察者不必对于究竟谁是谁非的问题做出理智的回答，他们只需要判定其外貌并辨别出其权利即可。在现代文化中，表象的好要比真正的好更重要。在现代体育中，记分牌上显示得好要比成为一个真正的好人、一个好运动员更为重要。

自启蒙运动以来，个体主体性的提升和寻求价值的客观化成为思想和社会发展的一大趋势，而这一趋势对体育的影响之一便是今天多数的体育项目寻求客观的标准，运动员的优秀程度就只能靠记分板上的数字来检测，除此之外我们无以识别所谓的"好"。但价值无法被客观化的特性就势必会造成对体育价值判断的极度混乱。至此，我们可以说只注重结果的现代价值观根源于启蒙运动的一大特征——理性和客观性的扩张。自然科学的方法所倡导的客观性成为真理的标志，自此推理和客观性的标准便被不恰当的应用于不同的情景与背景之中，工具性价值一直主宰着现代社会，而事物自身的价值却变成了过时的概念。

2. 当代价值观对体育价值观的影响——获胜即卓越

受逻辑实证主义的影响，现代体育的成绩与价值都被打上了"客观"的烙印。记分板与记录簿成了价值与成就的最终决定因素。尽管体育所展现的是超凡的体能与过人的智慧，但现代体育却把记分板上的成绩当作判定英雄的唯一标准。基廷（James. Keating）就是这一观点的典型代表人物，他把获胜等同于卓越。这一观点即是启蒙社会的核心特征——理性的延伸。理性与推理都是达到目的的必要手段，是得到你想要之物的有力工具，但它们却不会帮助你明白你应要何物，亦不会让你发现你欲要之物的真实面目。

基廷认为，竞技场是西方社会迷恋卓越的发源地，没有比在运动比赛中更能明显地表现对卓越的追求的情景。他认为，荷马时代的英雄的生活即是竞争，他们生活的目的就是向世人证明自己是最棒的。更进一步讲，荷马时代的英雄所追求的并非"卓越"本身，而只是把它作为通向名誉和财富回报的一种途径与手段。基廷观点的基础是 sport 和 athletics（竞技）之间的区别。他认为 sport 和 athletics 是两种根本不同类型的人类活动。athlete 关心的是赢得比赛、获得荣誉，而相比较而言，sportsman 注重的则是从日常生活压力下的解放，其行为是一种娱乐活动。一种是在比赛中通过胜利而寻求卓越，另一种是释放或消遣。基廷还分析了"sport"和"athletics"的词义学起源，以进一步他的讨论。sport 是中世纪英语 desport 或者 disport 的缩写，而它们又源于古法语 desporter，其字面意思为远离工作。以此为指引，韦氏和其他的词典编纂者把 sport 的本质定义为"消遣"和"娱乐""消遣并制造快乐"。Athletics 起源于古希腊动词 athlein，意为"为了奖品而奋斗"；或源于名词 athlos，"竞争"；或 athlon，由于成功地赢得竞争而荣获的奖品。因此，athletics 的本质是在比赛中为了获胜而奋斗或竞争。基廷继续阐述道，从本质上讲，sport 是一种消遣形式，其直接目的是娱乐、愉快和欣喜，其灵魂是适度和慷慨；而 athlete 则相信获胜是最重要的或唯一的目的，这种行动的价值源于追求胜利或获得胜利，其特征是具有献身和牺牲精神。

3. 超越基廷：获胜不必是卓越

"arête"的概念为基廷"卓越"的概念提供了另一种选择。现在英译为virtue（美德）、excellence（卓越）或quality（品质）的古希腊语"阿瑞忒"（arête）。在人们的日常活动中，常与理性的行为及行为的效率联系在一起，而反对狂妄自大、傲慢无知、目空一切的状态。体育为展示人的这些品质提供了机会，但真正的英雄不仅仅在于赢得比赛，而在于他们在比赛过程中所表露出的行为与价值观。

基廷谨慎地把"卓越"的概念定义为最好的，他宣称"对卓越的不懈追求可揭示和开发人类的真正潜能"，但他却忽视了个人人格上的瑕疵。在获胜即卓越、卓越即获胜中，基廷得出了一种拉希曾在其《自恋的文化》中描述过的状况：成就除了它自身外无参考点，成功就是去成功。所有商品和服务的自由市场的分配，终会导致富人变为穷人。

基廷把athletics描述为一种致力于"获胜"的行为，且在他眼中获胜即为实现了卓越，卓越并不要求体现个体的价值。他试图借助荷马时代英雄的支持和现代的体育英雄为支持而一统过去和现在。他通过对行动类型的分析来制造一种现代价值的理性与工具性的价值判断：这是一个以"获胜即卓越"为价值定位的世界，除了客观与工具性价值外之外没有其他的理性和逻辑可表现价值。在这样一个绝对、普遍价值毫无立足之地的社会中，秩序就只能以强者压迫弱者的形式而存在。获胜即卓越的蒸馏品，就像权力即权威一样，体育（sport）不是一个独立的领域，其价值即是社会价值的影射。

基廷的观点是现代文化的产物，他的推理不是柏拉图式的，而是后启蒙世界的工具理性。基廷的观点为后启蒙运动社会把客观化的价值运用到athletics上提供了哲学上的判断依据。如此一来，人的运动表现的清楚分割和科学分析就只能由记分牌上的客观的评价标准来提供。此情景是尼采曾描述过且预言过但也曾恐惧过的：无限制的权力与权力的斗争使个体陷入了一场所有人反对所有人的战争中。基廷并未捕捉到sport的根源及play在athletics中所占的成分。play不能仅仅被界定为某种行动或行动类型，而是一个复杂的概念框架，没有一个理论含义可以对"play是什么"和"我们为什么play"提供一个完满的解释。其真正含义只能从游戏者（player）身上找寻。play是一种观点、一种行为方式，它既与日常生活世界相隔离，又是真实世界的一部分，因为 play 是真实的，具有自身的严肃性。如果 athletics 仅仅是以奖金为目的的斗争，那么它就只是一种景观，一种失去人性化的景观。如是，竞技运动（athletics）就变成了一个卓越没有任何意义可言的竞技场。如果 athletics 的中心仍是 play 的话，那么就应存在比"获胜"更多的东西。play 所揭示的深度与意义绝不仅限于"获胜即是对卓越的检测"，而是一种关系，就如同工匠与其技巧及艺术家与其视角一样。体育中的价值应以社团的存在为基础而不仅仅是以消费者与市场潜力的开发为基础。

（三）作为一种当代社会形式的体育运动

现在我们来对体育进行哲学探讨。尼采主张把运动状态下的运动员看作一个处于创作状态下的艺术家，唯有如此，才能把尼采式的个体与麦金太尔（Mac Intyre）的实践框架联结起来。

尼采在多年前就曾说过，过去的价值已经死去，人们得创造属于自己的新的价值体系。不受限制的自我利益及真正的人类自由的实现都是空谈，这就是尼采世界的根源，既庸俗而又敏感的尼采主义。这一含意对于 sport 来讲是重要而又有意义的。庸俗的尼采世界指的是作为超人运动员的恐怖：使用不成熟的能力来征服对手以增长个人的力量。敏感的尼采世界允许创造性的运动员创造自己的价值，且超脱社会武断的限制。

而在麦金太尔的作品中，"实践"的概念被解释为允许使用科技手段来达到卓越的内部标准的一种有凝聚力的人类行为。实践者唯有身体力行方能获得此种利益，麦金太尔阐述到，内部利益不是独当一切的，亦非必需的，好的参与者是好的实践活动类型的保证。最有效、技术最高超的运动员，最持久的胜利者，未必是真正的实践者。他们可能仅仅把实践用作获得外部利益的一种手段。

近二十年间，即使是成长于反文化之中的 sport，也成了制度化的。如冲浪和飞盘运动如今都有了成文的规则规定，亦有了工业支撑作后盾。这是一个悲哀的情景，真正的实践者、献身者、训练者和对实践及自身有着更深刻理解的人，经常被团体所开发挖掘。当他们认识到团体与自己实践的关系时，将会导致运动员在体育中的异化。

在一个被团体所统治的体育世界中，最重要之事是利润的最大化，从财富的玩偶中得到更多的金钱，而不是从技艺或实践，或内部利益中。当运动员以获胜的唯一意图进入比赛场地时，他们已被团体的权力所腐蚀，他们会违反规则，伤害对手、队友甚至自己，会践踏实践本身，所有有碍于他们获得外部利益的都是需要被克服的障碍。

麦金太尔试图通过调用亚里士多德的美德概念来阻止上述情况，但残缺的亚士主义只能够维持其内部一致性。我们的确需要公正，诚实和勇气，这些美德诚然是传统哲学得以延续的必要组成部分，是交流行为，真实的交流的一部分，但他们仅仅是美德，是我们喜欢运用的权力的一个方面，之于我们之外它们是不存在的。

实践为指导我们的生活、引导我们的行为提供了一整体框架。实践者有其生活的主题，会领引其存在为实践服务。一种实践的选择是由个体特定的社会和历史环境及其兴趣和才能所决定的。但是一旦做出选择，个体就不得不服从于现有的卓越标准和现有的行为规范。

尽管团体把实践视为通向外部目标的一种手段，但我们也应当看到如若没有团体的存在，实践可能会无以长久生存延续。尽管团体只对外部利益感兴趣，但只要实践或产品能够卖得出，团体就不用担心被篡改或被商业化所浸染。

对于 sport 是否真的具有内部利益的问题的答案要取决于你究竟支持团体还是实践。sport 的内部利益是 sport 所独有的，其内部利益就取决于运动员所特有的技艺和在特定的情境中相互作用中而产生的满足感的类型之间的关系。利益来自实践内容及其与实践者的相互交往，并不仅仅来自获得卓越的内部标准。对利益的追求可产生其他的内部利益。

很显然，我们所主张的绝不仅仅是获取胜利、赢得比赛及获得由此带来的金钱，而是实践的内部利益，是游戏中的自我表现，是对游戏有限性的超越和在非艺术中的艺术性的尽兴。这是竞赛中的运动员的最高境界，是运动员在以其最大的创造性与力量超越实践的好与坏，直接与比赛较量。

至此我们可以说，实践对于以内部利益来参与的任何人都是开放的。而个体的内部利益是由其意向性所决定的。权力无所谓好坏，艺术并不包含于技艺之中，play 不能由行为来界定，这些品质都是态度的产物。艺术所表现和交流的是一种价值观或来自应答的、开放式观点的感情。艺术和游戏不必然包含于我们的日常行为中，尽管他们可能是最经常被选择利用的工具。个人的态度和意图既是连接游戏、艺术和技艺的红线，又是它们的基础。为了保留实践的内部利益，我们必须抵制外部利益的诱惑。保持实践的纯洁性、维持实践者之间的友好交往的做法是真正的团体所赖以生存的基础。如果实践失败了，被团体统治了，那么真正的团体所赖以生存的基础和内部利益也会随之而逝了。

　　至此，我们可以毫无争议地消除这一整体性叙述的说法：结果的价值居于表现之上，且世界以获胜即卓越的方式而存在。这并非世界的本来面貌，而是我们强加于世界的。没有什么可以确保成功，我们所能做的是维持我们所做之事的完整性，维持实践。找不到引起当代价值观混乱的快捷、容易的答案，那只是愿望，只是幻想。

第二章 篮球运动概述

篮球运动有着悠久的历史，它以较强的健身性、娱乐性、竞争性等特点深受人们的欢迎和喜爱。篮球运动的演进和发展史与整个时代背景是分不开的。在现代竞技体育快速发展的今天，竞技篮球运动的水平也发展到了一个相当高的水平。对于热爱篮球运动的人们来说，篮球不仅是他们的日常喜好，甚至已经成为他们生活方式中的一部分。

第一节 篮球运动的历史演进

一、篮球运动的起源与发展

（一）篮球运动的起源

篮球运动是在一定的历史条件下产生与发展的，伴随着19世纪中叶工业革命的进行，人们的思想观念发生了重大的变化，追求健康、文明、进步和富裕的生活方式成为时代发展的新潮流。另外，美国由于经济的发展和国力的增强，科教文化事业也受到了空前的重视。这些都为篮球运动的产生奠定了必要的基础。

1885年，在美国马萨诸塞州的斯普林菲尔德学院中，有一位体育教师名叫詹姆斯·奈史密斯，他非常重视青少年身心的全面发展，主张通过体育锻炼来达到培养学生心智的目的。但是由于马萨诸塞州的地理因素，导致这个地区的冬季通常较为寒冷，又恰逢特大的暴风雨，因此使得在美国比较流行的棒球运动无法开展，一到这个季节，原本在户外的体育课就不得不转为在室内进行古典体操运动。从参与古典体操运动的学生数越来越少的情况来看，学生们普遍对这项运动感到厌烦。为解决这一问题，奈史密斯根据学生在大学时代大多都有运动经历的特点和冬季室外开展活动困难的情况，考虑设计一项适合冬季在室内进行比赛的运动项目。这一运动项目就是现代篮球运动的雏形。

詹姆斯·奈史密斯根据当时的实际情况，为篮球运动的设计提出了三个基本要求：第一，保持文明，去除野蛮，将人们对当时的体育运动（如橄榄球运动）中各种粗野行为的恐惧心理消除掉；第二，新设计的运动应不受季节气候影响而可在室内和晚上进行；第三，要不断改进训练内容和方法，让不同年龄、性别的人都参与到运动中来。

在以上几个方面要求的影响下，奈史密斯于1891年12月，从工人和儿童用球向桃篮内做投准的游戏，以及他小时候在家乡玩耍时用石头向立在高处岩石上的石块抛掷"打落野鸭子"的游戏中受到启发，并且综合了曲棍球、橄榄球、足球等游戏的特点，设计了以投掷准确性程度来计分并决定胜负的新游戏。在此基础上形成一种在一定地面范围的场地两端设置两个竹制桃筐，展开投篮游戏，篮球运动由此而诞生。

综上所述，现代篮球运动是由游戏发展而来的，正是这个在当时看似有趣、可玩性很强的游戏，发展到今天成为在世界范围内最具有影响力的运动之一。

（二）现代篮球运动的发展历程

发展到现在，篮球运动已有一百多年的历史。在这一百多年的发展过程中，篮球运动经历了各种变化，其发展阶段可分为以下几个时期。

1. 初创探索时期

篮球初创探索时期为19世纪90年代至20世纪20年代。

篮球运动自产生后便很快广为传播。起初由北美地区开始，最先广泛流行的就是美国和加拿大的许多地方。此后于1892年传入墨西哥，1893年传入法国，1895年传入英国、中国，1896年传入巴西，1897年传入捷克斯洛伐克等国。1904年，第3届奥运会在美国圣路易斯举行，美国青年会男子篮球队首次进行了篮球表演赛。此后，篮球运动逐步在中美洲、亚洲、欧洲和大洋洲开展起来。

这一时期篮球运动发展的主要特点表现在以下两个方面。

（1）没有明确的游戏规则，无人数、场地设备限制。初创时期的篮球运动无明确的竞赛规则，场地大小不等，活动人数也不限，仅在一块狭长的空地两端各放一只桃筐，竞赛时把参加者分成人数相等的两队，分别以横排站在场地两端界限外，当主持竞赛者在边线中点把近似现代足球大小的球抛向场地中心点后，两队便集体向球落地点奔跑抢球，随即展开攻守对抗。竞赛以球进筐后得 1 分，累计的得分多者胜，而每进一球后都需要按开始时的程序重新开始。为使游戏比赛合理进行，1892 年，奈史密斯对比赛场地做了分 3 段区域的规定（通常以进攻为例称为后场、中场和前场）。同时确定了比赛的要求，如不准个人持球跑、限制攻守对抗中队员间身体接触部位，以及对悬空的篮筐装置明确了要求等。

（2）在活动实践中逐渐增加了一些关于场地设备、人数等的规则要求。具体来说，主要表现在三个方面：第一，场地有了大小规定；第二，篮筐可设置于地面，也可悬于空间靠挂；第三，游戏时的动作行为也有了简单的要求等。

关于必须执行的比赛规则，直到 1915 年在美国国内才得到统一，其中比较重要的几项规定有：第一，比赛时间分为前后两节各 15 分钟，节间休息 5 分钟；第二，某方队员累计犯规 3 次时，判对方投中一个球；第三，可以用单、双手运球，但不允许用脚踢球，不准用手或脚对对方队员进行打、推、拉、绊、撞，违者记一次犯规，若第二次犯规就判犯规者停止比赛，直至对方投进一个球后方允许进入场地参赛；第四，产生故意或具有伤害性的犯规时，取消犯规者该场比赛的资格，而且不得换人；第五，对掷界外球规定在 5 秒内完成，超过 5 秒时，裁判员可判为违例，由对方发界外球；第六，比赛结束双方打成平局时，若双方队长同意，可延长比赛时间，直至先投进一个球的队为胜等。

后来，随着比赛规则的不断变革，比赛场地也随着得到了进一步的改进，具体来说，主要体现在以下几个方面：首先，增画了各种区位的限制线，比如中圈以及罚球线，之后又增加了中线；其次，篮圈也使用了较规范的铁圈，篮圈后部的挡网也由木质制作的不规则挡板替代并与篮圈连接，近似于现代所使用的篮板装置。比赛场地有了进一步的改进之后，受此影响，竞赛程序也有了一定的变化，如改由中圈跳球开始，比赛中的队员也有锋、卫的位置分工，前锋、中锋在前场进攻，后卫负责守卫本方篮筐以及把球传给中场和前场的中锋与前锋。篮球游戏在试行中不断得以完善。

1904 年，美国组队在第 3 届奥运会上举行了国际上第一次篮球表演赛。至 20 世纪 20 年代末，尽管国际上还没有形成统一的规则，但有一些基本的规则已经确定，比如，上场队员已基本定为 5 名，球场有了电灯泡式的限制区，罚球时的攻、守队员分列站位。此时攻守技术较简单，普遍是双手做几个传、投的基本动作，竞赛中主要是以单兵作战为主要攻守形式，战术配合还在朦胧时期，篮球运动处于初创阶段。但是在 1891—1920 年，由于篮球运动显著的趣味性特点，使得其在美国各类学校中得到了迅速推广，在这样迅速的发展势头下，1926 年职业篮球队联赛开始举办。另外，这一时期，随着美国文化、宗教的扩张，通过基督教青年会组织以及教师、留学生间的交往，篮球运动开始先后向美洲、欧洲、亚洲、澳洲及非洲个别国家和地区逐渐传播，为下一时期的进一步发展打下了坚实的基础。

2. 完善传播时期

完善传播时期为 20 世纪三四十年代。这一时期是篮球运动发展的第二个时期，其发展特点主要表现在以下几个方面。

（1）篮球运动向世界五大洲传播以后，逐渐被各国青年人所喜爱，并于 1932 年在日内瓦成立国际业余篮球联合会。

（2）初步制定了 13 条比赛规则，明确规定了上场参赛的人数和时间，篮球场地、设备进一步规范，进一步划分了比赛场地的不同区域，并在 1936 年第 11 届奥运会上将篮球列为男子竞赛的正式体育项目。

（3）攻守技术动作增多，开始出现基础战术配合，这掀起了篮球第一次发展的高潮。

在 20 世纪 30 年代以前，篮球运动的技术还较为单调，而且基本没有战术的参与，更多的是依靠强壮的身体和身高优势强行进攻。20 世纪 30 年代以后，篮球运动中单兵作战的基本形式逐渐被掩护、协防等几个人的相互配合所充实。

篮球运动向世界五大洲传播以后，逐渐被各国青年人所喜爱，为了适应并推动世界各国篮球运动的普及与发展，1932 年 6 月 8 日，在瑞士的日内瓦由葡萄牙、阿根廷等欧美 8 个国家的代表酝酿组织国际业余篮球联合会，会上以美国大学生篮球竞赛规则为基础，初步制定了国际上统一的 13 条竞赛规则：规定竞赛人数稳定为 5 人；在场地上增改了进攻限制区（即当时将电灯泡罚球区扩大为直线罚球区的 3 秒限制区）；竞赛时间由女子为 8 分钟、男子为 10 分钟一节，共赛四节，改为 20 分钟一节，共赛两节；进攻队在后场得球必须在 10 秒钟内过中线，并不得再回后场等。这一时期，篮球运动中的攻守技术动作增多，基础战术配合也开始出现，这也在一定程度上标志着第一次发展高潮的到来。

1936年，第11届奥运会将男子篮球列入正式比赛项目，奥运会后国际业余篮球协会宣告成立，对比赛规则作了统一规定并不断充实。这也标志着竞技篮球运动正式诞生，并成为一项现代竞技运动，开始登上国际竞技舞台。

到了20世纪40年代，在篮球技术、战术的不断演进、发展和高大队员的涌现这两方面原因的影响下，比赛规则又得到了进一步的充实和修改。其中，改进较为显著的有以下几个方面。

① 严格了侵人犯规罚则和违例罚则。

② 篮板有了规范的长方形和扇形两种。

③ 球场上的中圈分为跳圈和禁圈两个同心圈，球场罚球区的两侧至端线明确分设了争抢篮板球的队员分区站位线等。

除上述三点改进外，篮球运动的技战术也得到了较好的发展，并且逐渐形成体系，向着集体对抗性方向发展。到20世纪40年代末，很多战术阵型和配合打法被世界各国的篮球队所运用，其中较为突出的战术主要有：进攻中的快攻、掩护、策应战术，防守中的人盯人防守、区域联防等，这也标志着篮球运动进入了完善、推广的新时期。

3. 普及发展时期

普及发展时期为20世纪50年代到60年代末。这一时期是篮球运动发展的第三个时期，其发展特点主要表现在以下两个方面。

（1）全球近百个国家与地区已经开始广泛流行篮球运动，各大洲国家组织了频繁的竞赛活动，男女世界篮球锦标赛试行，篮球运动逐渐得到广泛普及。

（2）篮球技战术创新发展，比赛场地设施及处罚规则进一步完善，进一步促进运动技术、战术的快速发展，形成了科学的攻防体系。

20世纪五六十年代后，篮球运动在全球近百个国家与地区广泛普及，包括大部分发达国家和发展中国家。在这一阶段，越来越多的各种级别的篮球赛事被组织起来，其中，代表世界篮球最高荣誉的男女世界篮球锦标赛也开始试举办，篮球运动逐渐家喻户晓。

随着篮球运动的普及，篮球运动技术、战术的创新发展，规则对技战术的不断制约和相互促进，篮球运动员的高度开始成为现代篮球竞赛中决定胜负的重要因素之一。由此,一种固定型的利用高大队员强攻篮下的中锋打法风靡一时。1950年和1953年分别在阿根廷与智利举行了第1届世界男、女篮球锦标赛,这两届比赛均呈现出了高大球员雄霸篮坛的趋势,这在一定程度上冲击了国际篮球运动,并且使得篮球规则在场地、区域划分和时间上对进攻队加强新的限制,其中表现较为突出的有:第一,20世纪50年代将篮下门字形限制区扩大成梯形限制区,一次进攻限制为30秒;第二,进入60年代中期也曾一度取消中场线,至60年代末又恢复了中场线等。攻守区域的限制、高度与速度的交叉渗透互相促进,有力地推动了攻守技术、战术的全面发展。比如进攻中的"∞"字移动掩护突破进攻、快攻等与防守中的全场人盯人防守,便成为当时以小打大、以快制高的重要手段。到了60年代末,世界篮球运动的战术打法开始呈现出不同的特点,其中,较为显著的有三种类型:一种是以美国队为代表的高度与技巧相结合的美洲型打法,另一种是以苏联队为代表的高度、力量和速度相结合的欧洲型打法,第三种是以韩国、中国队为代表的矮、快、准、灵相结合的亚洲型打法。这三种战术打法的出现标志着篮球运动进入普及与发展时期。

4. 全面提高时期

全面提高时期为20世纪七八十年代,这一时期是篮球运动发展的第4个时期,其发展特点主要表现在以下几个方面。

(1) 篮球运动员个人高度、技术的有机统一和队伍整体高空战术配合的形成,地面与空间协同组合的战术配合及速度与高度的对抗日趋激烈,高智慧、高技巧、高强度、高对抗、高速度、高比分的抗争成为篮球运动新时期发展的新趋势。

(2) 随着篮球比赛规则的数次修改,增加了追加罚球和3分球的规定,调整了进攻时间,提高了攻防转换速度,重新构建了篮球技战术新体系。

(3) 出现第二次发展高潮,其标志是20世纪70年代中期女子篮球运动被列为第21届奥运会竞赛项目,并逐步向男子化靠拢。

进入20世纪70年代以后,身高优势越发被篮球界所重视,2米以上的队员大量涌现于篮坛,篮球竞赛的空间争夺进一步激烈。为此,规则对高大队员在进攻时做出了更多的限制与要求,以利于调动防守和身高处于劣势队伍的积极性。在1973—1978年,竞赛规则又有了进一步的调整和改进,具体来说,主要体现在两个方面:一方面是对犯规做出了数次调整,另一方面则是增设追加罚球的规定。这促使防守和进攻技术与战术在新的制约条件下，转向既重视高度又重视速度、既促进进攻又鼓励防守，使攻守平衡发展，同时又有力地促使运动员由平常的体能素质、身体形态、技术应用型向技巧、智慧以及多变的综合型方向发展。进攻中的对抗技术、快速技术和高空技术在综合运用中趋于技巧化，全面技术与整体性、综合性、频繁移动穿插掩护的运动打法取代了传统的单一的攻击性技术、机械的战术配合和相对固定阵型的打法；防守更具有破坏性和威胁力，贴身平步站位，积极抢时、抢距、抢位，身体有关部位主动用力的破坏性个体防守和带混合性、摧灭力强的集约性防守战术逐渐取代了个人运用的远距斜步和弓箭步蹲站式干扰性防守，以及单一的整体阵型式防守战术。尤其是1976年第21届奥运会增加了女子篮球比赛（女篮由此正式列入奥运会竞赛项目）和1978年增加了男子世界篮球锦标赛后，逐渐展示出了现代篮球运动向立体型当代化发展的新特点、新趋势。具体来说，主要表现为：高身材、高技巧、高速度、多变化、大比分、高空技术。到20世纪80年代，这一趋势和特点则更为突出与明显。为此，20世纪80年代中期又对篮球竞赛进攻时间、犯规罚则等规则做出了新的修改，场地规定了远投区和三分球规定等，现代篮球运动进入更高水平的全面提高和发展。

5. 创新攀登时期

创新攀登期为20世纪90年代至今。这一时期是篮球运动发展的第5个时期，其发展特点主要表现在以下3个方面。

（1）掀起了第3次发展高潮，世界篮球运动跨向科技化、竞技化、智谋化、多变化、凶悍化、技艺化、职业化、产业化融于一体的当代化方向发展。

（2）篮球规则对比赛场地区域、速度、高空争拼及攻守技术、战术合理的运用，乃至全场比赛的时间、方式都进行了新的规定。

（3）篮球运动技术动作不断创新，战术精湛，力求实效，阵型多变，运动员内外攻守区域分位趋向模糊，高空争夺更趋凶悍，竞技艺术更显观赏性。

进入20世纪90年代，国际奥委会解除了禁止职业运动员参加奥运会的禁令。在此后的第25届西班牙巴塞罗那奥运会上，以乔丹、约翰逊等为代表的美国"梦之队"向世界展示了最高水平的篮球技艺，他们引发了国际篮球界巨大的轰动,将这项运动技艺展现得更加充实完美,战术打法更为精练、多变、实用。这也标志着世界篮球运动第3次发展高潮的掀起。具体来说主要表现为:世界篮球运动跨向了创新、攀登,集科技化、智谋化、竞技化、技艺化、凶悍化、多变化、职业化、产业化于一体的当代。同时,这也在一定程度上说明了当代化篮球运动整体内容结构与优秀运动队伍身体和体能结构、综合智能与技能,以及运动员个体的体能、智能与掌握和运用篮球技术、战术的能力结构发生了本质的变化。在此基础上,针对运动员制空能力增强、空间拼抢激烈等状况,为了达到使比赛空间争夺更合理、更激烈、更安全、更具观赏性的目的,1994年国际篮球联合会对篮球竞赛规则又做了某些修改。另外,鉴于运动员身体高度的普遍增长、制空争夺凶悍的原因,又缩小篮板周边,并增加胶皮保护圈。

这一时期,不仅男子篮球职业化发展较好,受其影响,女子篮球也有一定程度的发展,并逐步向职业化的方向努力。美国于1995年率先组织了女子职业俱乐部(WNBA),举办了女子职业联赛。欧洲、亚洲等地也陆续出现女子职业俱乐部,并举办女子职业联赛。

1999年12月,国际篮球联合会又决定从2000年奥运会后对篮球竞赛规则实行某些新的规定,具体来说,主要表现在以下几个方面:第一,比赛分为4节,每节比赛时间10分钟;第二,将球队每次进攻的时间从30秒钟缩短为24秒钟;第三,球由后场进入前场的时间限制为8秒钟;第四,各队每节如果有4次犯规,对以后发生的所有犯规都要处以两次罚球;第五,奥运会和世界锦标赛可以实行3人裁判制度;第六,各队交替拥有球权等。

从上述内容可以看出,无论男子或女子篮球,现代篮球运动的发展方向都是智、高、快、全、准、狠、变,技术、战术运用技艺化,各种风格、不同打法以及高度文化性、高度观赏性、高度商业性。

二、篮球运动的发展趋势

(一)比赛对抗性日趋激烈

发展到现在,篮球比赛对抗性越来越激烈,攻防节奏日益加快,经常可见人仰马翻和犯规的情况,在这样的情况下,只有敢于和善于拼斗才能得分,进而取得比赛的胜利。篮球运动自建立规则以来,传统地倡导勇敢进攻,强调大胆投篮,这是无可非议的。为此,随着进攻意识的普遍增强,在世界范围内不断围绕强化进攻创新发展了许多进攻理论、技术与战术，并由此不断改变组建球队的人员配置，形成现代篮球比赛智、高、快、准、全、狠、变的普遍特点。随着拼斗性进攻的这一发展走向，必然相辅相成地刺激各国教练员同时考虑到防守的技术、战术创新和提倡拼斗精神，普遍把运动员强悍作风反映在整体与个体防守拼斗能力的提高和控制篮板球拼斗能力强弱上，将其视为衡量整体实力强弱和能否获得全局优势的标志，并对应地变革和创新了种种拼斗性防守技术与战术，如提倡运用平步追防、身体主动用力抢位、堵截与积极错位抢断的个人防守技术，防守中不断采用综合防守战术制约对手，从而使现代篮球比赛类似战争中的短兵格斗，增强了专项竞技魅力和观赏的文化、教育价值。拼斗性观念的确立，促使国际篮坛呈现出呼唤"拼斗、拼斗""防守、防守""篮板球、篮板球"的意识与行动。

现代篮球比赛防守过程的主动性、凶悍性、力量性和破坏性更日趋激烈，防守的个人技、战术与技能及整体配合的创新发展在加速。首先是防守理论观点创新，意识加强，提出了"进攻好能得分赢球，同时防守好才能获冠军"的防守新观点。为此，以强壮的体魄、正确的动机、符实的信念和坚韧的毅力、凶悍的作风为基础的个人防守技术与能力的训练更受到重视；其次是防守战术阵势综合多变，普遍以抢断球、封盖球和抢篮板球为重点组建杀伤力强的凶悍性防守战术配合，形成控内（控制篮下地面与空间）、堵外（以身体为墙扩大防区），促使无球队员不能随意向篮下和有球区穿插反跑或挡插，以求将其挤离有球区和篮筐，切断进攻点、面、线的联系，伺机抢断、追截，对有球队员全力凶悍追击，近身平步扩展地面防守位置区域，积极判断进攻意图，身体主动用力，凶狠封、逼、盖、追，终止其投篮、传球、运球行动方位，破坏其设想中的攻击目的；第三是在重视个人防守能力提高的同时，还普遍重视防守策略和防守整体协同配合。最大的变化是由攻转守速度加快，当前场抢篮板球失机后，对获球进攻者的行动限制意识与干扰行动加强，进入阵地防守时则全力追防对方的核心进攻组织者，并以卡两侧、堵中路打乱其正常落位布阵，逼使其进攻速度减缓，进攻区域外移，一旦局部防守失利、失机，则整体或临近防守收缩，及时调整变化防守阵型，力求每一次防守协同行动都能做到机动性高、破坏性大、杀伤力强。总之，只有具备了出色的对抗能力，才能取得比赛的主动，进而取得比赛的胜利。

大量的实践显示，现代篮球精神上的凶悍拼斗意识对于转变传统竞技比赛观念和扎实掌握实战本领更显重要，以此为基础强化培养训练具有现代篮球对抗意识和掌握拼斗的本领，才能适应现代篮球近身凶悍格斗的发展趋势。正由于进攻拼斗能力提高，所带来的防守拼斗观念与技、战术的变化，使当代化的篮球竞技比赛对抗拼斗更为凶悍激烈，从而形成优秀球员的职业修养+人格魅力+篮球理念+攻守意识+凶悍意志+体能力量+技能特艺+智慧谋略等多元化的成才体系。为此，如何提高拼斗意识和拼斗意志的教育与训练水平，创新攻守技术、战术手段，成为教练员思考的新课题。

（二）智能化方向发展

篮球运动强调运动员的智谋，即要求运动员、教练员掌握科学文化，形成个性化的独特篮球智慧，这就是篮球运动的智能化发展。

篮球是体育科学中的一门重要学科。篮球运动的过程充满着哲理以及矛盾的相互转化。因此，认识与解决矛盾就要靠知识，靠智慧，有谋略，有方法，善于预测，善于应变。两强相遇，智勇结合者胜。这里，智是基础，勇是手段，有谋有略、智勇双全才能化险为夷，克敌制胜。所以说篮球运动是一项智慧运动，善于打篮球，用头脑打球，用意识打球，用灵感打球，已成为世界优秀运动员的必由之路。只有用头脑、用意识打球才会使自己更充分显示出独特的运动才华，变得更聪明。张伯伦、约翰逊、乔丹等世界优秀运动员之所以能在不同时期将自己的技艺在激烈复杂的球场上表现得淋漓尽致，不仅在于他们有出众的身体和技术，而且在于他们有文化、有智慧、有个人作战的谋略，使其在任何复杂情况下都能沉着、镇静，应时变化自己既定的设想和方法，而且善于将自己的谋略与高超的技艺结合起来调动对方，在任何困难环境下最终达到预定的目的，使人感到他们在用智慧打球，打聪明球，显示出他们的人格魅力和技艺风格。

发展到现在，篮球运动对抗愈来愈激烈，运动员在比赛中的对抗和碰撞越来越多，运动员只有有胆识、有智慧、有技艺、动脑子、善思考，才能不断超越自我、充实自我，才能提高自己的技能水平。总体来看，篮球运动的智能化发展是不可磨灭的。

（三）高度化方向发展

运动员的高度化发展，即重视运动员自然高度和提高制空能力的发展。

"无高不篮球",21世纪的现代篮球竞技比赛无可非议地将继续是巨人群体展开的大拼搏,要求以身高、体重、壮悍、力量和技巧去制空,这是篮球运动竞赛形式本质特征所决定的:不高无优势已是篮球比赛的客观事实。但高的内涵不仅仅停留在运动员身体形态高度上,而是随着空间争夺的激烈冲撞,要求高大运动员高中有壮(强悍、有体重、有力量),壮中有巧(灵活机敏、有智慧),高、壮、快、巧、准结合为一体,这正是世界上优秀高大运动员的特点。由此,高智慧、高形态、高速度、高体能、高强度、高空配合、高比分也成为现代篮球竞技的基本表现形式。

现代篮球运动注重高度化发展,主要体现在以下几个方面。

第一,国内外强队普遍重视球队整体平均身高的增长。据统计,世界男子强队平均身高稳定在2.05米左右,中锋队员保持在2.10~2.20米,超高度的中锋队员达2.20~2.30米,全队2米以上的队员通常保持6~8名;女子队平均身高稳定在1.90米左右,中锋队员保持在1.90~2.00米,全队1.90米以上的队员通常保持在4~6名。因而形成得高水平的高中锋即"得天下"的论点被实践认可。

第二,重视运动员制空能力的提高,强化力量和弹跳能力的增长,以使自己的攻守都处于制空的优势状态。因此,随着高大运动员的增多,制空能力提高,空间拼斗更为激烈,防守时的空间封盖与拼抢、进攻时立体型的空间配合和超高度的不同角度的技巧性扣篮,使现代篮球运动绚丽多彩,充实了现代篮球运动的技术和战术内容。

第三,普遍重视高大运动员综合性、多元化的特殊训练。一方面强化高、壮、快、巧体能素质训练,以适应高空拼斗,扩大立体性空间与地面拼斗的范围;另一方面重视高大运动员力量、弹跳、速度和个人技能与能力个性特点的培养,以提高他们在本队基本战术打法中的适应性和机动应变的需要。

现代篮球运动攻防日趋激烈,要求运动员必须具备快速攻防转换的能力。因此,许多优秀教练员都强调既要重视高大运动员个体技艺特长训练,又要重视个体意识和体能全面训练,使他们内外结合,高矮相比无绝对差异,高个子能做小个子的动作,能里能外进行攻防,能快能缓适应战术调整。这一篮球训练思想和观念将在未来得到深入的贯彻与发展。

(四)投篮准确性逐步提高

投篮准确性的提高是取得比赛胜利的关键,在平时的训练中,要求篮球运动员必须加强投篮的准确性练习。

投篮的准确性是取得比赛胜利的关键,众多国际大赛高比分的形成就在于投篮的准确性。在篮球比赛中,往往一分就能对篮球比赛的胜利产生重大的影响。这一分的胜负包括无数的"准"字内容:一是表现为三分球投手多,命中率普遍提高,投距远,投点广;二是攻守转换快,特别是进攻速度加快,次数增多,投篮机会增多,远、中、近都配有强投攻击手;三是十分重视投篮基本功训练,既要求投篮技术方法不单一、能变化,更要求动作扎实、正确和规范,而且要求在训练中对抗条件下投篮的高数量和高质量(据资料显示,世界强队每天要求运动员在对抗条件下进行投篮训练,一般在 6.50 米外区域的不同角度定时定量投进 500~600 个球,这意味着每名运动员一天要投 1 000~1 500 次,而在投进的 500 个球中的命中率要达到 55%~70%,以此保障在正式比赛中全队整体投篮命中率在 45%~50%,全队场次总得分不少于 90 分)。世界优秀篮球队都培育出了一批优秀投篮手,他们掌握的投篮技术已达到艺术化的水平,普遍具有在对抗条件下投篮方式多、变化多、机会多、区点多、出手点高、心态稳、投速快、突然性强和命中率指数大的特点。通常情况下,一个篮球运动队拥有的明星球员越多,就标志着该队伍的整体实力越强。

另外,现代篮球运动投篮的"准"还要求掌握个体动作既规范又准确,扩大"准"的全面要求,例如运用技术时机的准确性高,转换技术、战术判断时间的准确性高,特别是外围三分球投篮命中率提高。远、中、近多点、多面投篮相呼应,已成为战术变化的基础和转危为安、反败为胜的主要手段。

(五)技战术多样化发展

现代篮球运动还非常重视技战术的多样化发展,即要求战术阵势机动化、应变多样化、攻守配合实效化。在篮球比赛中,战术的选择与组织都强调针对性,力求扬长避短,与本队和对手实际以及世界篮球发展趋势和攻守过程中的时间观念、空间意识结合,普遍重视一个"快"字,突出一个"精"字,立足一个"变"字,达到一个"准"字,即在最短的时间、最快的速度下变化、组合最强的战斗力,取得最佳的效果。因此,世界高水平球队的比赛布阵落位迅速、阵势不一,都力求在对手防守阵势尚未成形之时展开全面攻击,并在攻击时随机应变。由此,攻守转换进一步加快,变化进一步莫测，加之世界强队普遍重视对防守杀伤力的研究和技战术的创新发展，防守区域较前扩大，防守变化中的攻击性和破坏性普遍提高，促使世界强队革新过去传统的机械性战术分位组织的整体套路模式的打法，强调在运动中伺机变化，在局部区域采用以两三个人参与为主体的机动配合。如个人伺机突破、投篮，或两个人之间的掩护、策应投篮，以及3个人之间的挡插三角进攻配合等；防守战术则向以人为主的集约性、综合性的凶悍而破坏力强的整体型方式发展。据世界大赛的统计，实力相当的男子球队每场比赛各队进攻次数平均在 120 次，其中 60%左右是个人变化攻击和运用两三个人变换配合结束攻击，得分占全队总得分的 60%～65%，罚球得分占 20%～25%，其他快攻和整体型的阵地配合得分占 15%～20%；而我国篮球职业联赛的现状也与世界篮球运动现状发展的趋势相似。由于个人战术变化攻击能力提高，得分能力加强，两三个人之间的战术组织既机动又简便快速，便于应变，因此攻击的威胁性强，成功率高。

总之，现代篮球技战术越来越趋于多样化发展，要将技战术配合与全队统一起来进行。在战术指导思想上既不能忽视传统的整体行动，又要更加重视个体和两三人的作战组合，战术配合力求简练、快速、机动、多变、杀伤力强。传统固定套路和队员固定分位的战术配合也将相对模糊，对运动员要求技术更全面、战术意识更聪慧。

（六）攻防转换节奏加快

发展到现在，篮球运动既强调提高整体攻守阶段速度，又强调有节奏地加快攻守转换速度，从而快攻反击次数增多，快攻得分率提高，也就是说，篮球比赛攻防转换的节奏正在逐步加快。在现代篮球运动中，尤其重视提高高大队员参与快攻的全面意识和速度，在高速度、高强度中对抗拼搏，在高速度下转换技术与战术，在高速度、高强度对抗中保持较高的投篮命中率，以速度争取主动，以争取时间来控制空间，赢得胜利，这些已是现代篮球比赛对抗的又一特点和趋势。

随着篮球规则对进攻时间限制的规定，进攻必须提高进攻与防守的速度，才有可能抢占先机，从而取得比赛的胜利。在这样的情况下，篮球运动必然会全方位地提高快的意识，革新在快速运动中运用新的技战术的手段与行动要求。例如，美国职业篮球联赛（NBA）球队和其他世界强队在转入进攻阶段时，通常以 4～6 秒钟的时间将球推至前场，到前场后以 3～5

次过渡性或战术性传球（运球）即捕捉时机投篮结束攻击，平均一次攻击约 20 秒钟的时间。据统计，NBA 球赛从在前场的迂回捕捉时机到进攻结束，所耗时间为 10～15 秒钟，而在很多情况下，由后场快速推至前场，乘对方立足未稳之机便准确投篮结束进攻。像这样在高速度下的反复攻击成功，必然造成高强度和高比分的出现。在 21 世纪，这一趋势也必将使得比赛规则对进攻时间的限制提出更高的要求，促使运动员更加增强快的意识，提高运用技术和转换技术的速率，强化攻守转换的整体速度，快攻将进一步发展，阵地进攻将进一步精炼而有实效，个人投篮强攻能力将进一步提高，比赛也将随之进一步紧张激烈。这一趋势不仅适用于制空有劣势的球队，而且制空有优势的球队也将更为重视提高速度，使高度与速度结合得更完美，促进当代篮球运动向更高层次攀登。

（七）运动员综合能力全面提升

篮球比赛中一个队只能允许 5 个人在场上，并且允许使用替补球员。拥有多位全面多能的明星队员成为每个篮球队的追求。随着世界篮球运动对抗强度进一步发展，各国普遍重视运动员个体与球队整体的全面素质、素养和技能综合化、多样化的全面提高，具体表现在以下几个方面。

第一，球队成员整体的社会文化氛围浓厚。世界强队的队员都具有较全面的文化基础知识，他们对现代篮球运动有较正确而深刻的理性认识，科学知识的熏陶与渗透使他们的思维、想象、观察、判断、决策和对新事物的接受力、承受力大大加强，而且敬业、拼搏、奋进精神突出。

第二，重视体能素质水平的全面提高。特别重视每名运动员制空高度和意识的提高，同时又重视其他专项身体体能如体重、力量、速度、灵活性、反应力、心理承受力等方面提高，尤其是拼抢力量和快速爆发力量的提高，认为这是衡量其体能训练水平高低与能力强弱的标志，从而使许多特高大运动员达到既高又壮、又悍、又捷、又敏的要求。

第三，掌握与运用全面而具有杀伤力的攻守技术进行比赛对抗意识强。当今世界篮球运动的一个重要发展趋势是运动员重视对抗、敢于对抗、善于对抗，主动争取对抗的意识十分强烈，在普遍重视进攻对抗的同时，十分重视防守中和抢篮板球时的对抗。认为防守是基础，进攻是根本，要求全队攻守平衡，做到攻得准、守得牢。而且要求每名优秀运动员攻守技术全面，做到能攻善防。21 世纪以来，国际篮球界则更呼唤重视防守，以适应规则的变化，不断呼唤防守、篮板球、抢断、封盖，甚至提出了"进攻能赢一场球，而防守能获冠军"的理念。

第四，全面扎实掌握手、脚、腰、眼的基本功。这是全面型运动员在对抗中运用与应变技术和组合战术的基础，是促使自己不断在实战中提炼创新、变异发展，从而形成自己技术特长绝招和个人技术风格及特殊的技艺，是培养成突出球星的保障。

综上所述，全面素质、全面技术的提高和拥有球星数量的多少与质量层次的高低，是球队实力对比的标志，而培养全面的球星和具有特殊技艺的球星，已成为现代篮球运动制胜的必需。

（八）重视教练员的培养和发展

发展到现在，篮球教练员的作用越来越大，各个篮球运动队都非常重视篮球教练员的引进和培养。每个篮球队都希望聘用能把握篮球运动发展规律、有个性篮球理念和高水平管理方法、训练风格有特点的智谋型教练员作统帅。

篮球比赛的胜败是球队综合实力的反映，既反映运动员的智能结构、技能、体能条件与水平，又反映教练员的智慧、谋略、综合专业层次和才能水平。为此，世界各国篮球界都十分重视寻求和选聘具有篮球专项个性人格魅力、独特的现代篮球理论造诣和具有组织训练、管理与指挥才华的教练员。然而，"千军易得，名帅难求"，这不仅反映在我国当今高水平篮球队伍的实践中，而且也反映在世界篮球强国行列的球队中，他们都深感理想的教练员匮乏，特别是缺乏具有篮球职业个性气质、风度、修养，有智慧、谋略，能形成自己独特篮球理念、哲理和理论体系的执教之道，有实战指挥的谋略才华乃至特殊魅力的教练员。高智慧、高修养、高素质、高水平的教练员，不仅直接影响球队的组建和凝聚，战术风格的形成和发展，而且特别是在比赛的攻坚战危急时刻，统帅者大智大勇、胸有成竹、镇静自若的风度和威慑神态能够产生鼓舞士气、调整全队心态的效应，而比赛中及时地运用计谋、变换阵法、调整阵容，更能起到化险为夷、转败为胜、力挽狂澜的作用。这既反映教练员智勇双全的专业才干，又充分显示他自身良好的专业人格个性修养。

可见现代篮球竞赛既是运动员场上的较量对抗，又是教练员日常训练、管理和比赛场上综合智慧、才干的搏斗。例如，美国NBA职业篮球队集中了美国最优秀的教练员,形成了一个强大的篮球智慧群体,他们各具个性特点和风范,各有自己的篮球理念、理论观点和实践经历与经验。像美国著名的篮球教练员博比·奈特,曾被公认为美国最佳教练员,更具有自己独特的篮球哲学思想和实践才华;在俄罗斯,著名教练员老、少戈麦尔斯基,也可谓一个时期世界级篮球统帅中的明星。而 20 世纪 90 年代以来,在 NBA 职业赛中最具影响力的教练员之一菲尔·杰克逊,由于他用智慧、才干、人格魅力团聚乔丹、皮蓬、罗德曼,以及奥尼尔、科比等世界超级球星,在征战 NBA 总决赛中,开创了"公牛王朝"和"湖人时代"。

纵观现今整个篮球运动,教练员越来越受到重视。优秀球员非常之多,然而优秀教练员却很难得,尤其是拥有一批聪慧、好学、善思、正身、敬业、自强、无畏、通道,具有人格魅力、修养和较高素质的教练员、队员,已是一国一地篮球运动兴旺发达和一场关键性比赛胜败的基本保障。强将手下无弱兵,这已是一种共识。

第二节 篮球运动的特点及功能

一、篮球运动的特点

(一)组织的集体性

篮球运动是同场对抗性项目,整个运动过程都充满着激烈的对抗,随着篮球运动水平的不断提高,这种对抗性越来越强。因此,要想在比赛中占据优势和取得胜利,球队不仅要有精湛的个人技术,更要有默契的集体配合。所以,现在的篮球运动队都特别提倡集体主义精神。只有个人为集体,集体才能使个人的技术得到发挥与创新,两者是相辅相成、共同发展的关系。

(二)运动的快速性

篮球比赛中一次进攻必须在 24 秒内完成,否则就算犯规,这就给篮球运动提出了更快的速度要求。在保证快速性的前提下,篮球运动要继续加快进攻速度,争取主动控制权;继续提高运用技术和战术间衔接的速度;继续提高攻守转换速度等。这些都赋予篮球新的含义,高质量的快速技术,有节奏的快速转换攻守配合,快攻、强攻等成为各国优秀篮球队伍必须努力的奋斗目标。

（三）技能的开放性

在篮球比赛过程中，技战术运用的条件和时机存在着较大的差别。技术动作的组合结构与练习过程中的技术动作组合结构总因时间、位置、对手等外部情况的不同而发生变化。战术配合的安排和运用也不是一成不变的，在大多数情况下都要求运动员根据场上的具体情况做出准确的判断、抉择，灵活地贯彻教练员的意图。由此可见，篮球运动属于一项开放性运动技能项目。在篮球运动中，技术是基础，它直接关系到篮球运动员运动技能水平的提高和全队整体战术的发挥；身体素质则是提高动作质量、难度和保证对抗能力的条件。它们只有有机结合起来、相互依托，才能构成外显的竞技能力。

（四）战术的多变性

篮球运动是以手控制球，并围绕着投篮得分展开攻守对抗为主要活动形式。因此，技术动作复杂多样，这也就造成了战术多变性的特点。篮球赛场上的情况变化万千，围绕着空间瞬时变化展开的地面与空间、单兵与集体配合相结合的攻守立体型对抗方式，是现代篮球运动的重要特征之一。在大多数情况下，固定的模式、不变的打法是难以应对比赛需要的，篮球战术的运用必须富有灵活性与机动性。运动员要根据比赛的具体实际情况，随机应变，提高临场应变的能力，灵活地运用战术和变换战术，只有这样才能为比赛的胜利打下良好的基础。

（五）竞争的对抗性

篮球运动是一项直接发生身体接触的对抗性项目，攻守的强对抗是其基本规律和特征。这种对抗表现在有球队员之间的对抗，无球队员之间的对抗，争夺篮板球之间的对抗，教练员之间的谋略对抗，双方队员思想作风和意志品质的对抗。对抗是竞争的一种高层次表现形成，通过对抗培养球员的竞争意识和能力，这种意识和能力也是现代素质教育的重要组成部分。

（六）活动的娱乐性

最初篮球运动就是一项活动性游戏，是一种人们喜闻乐见的全民健身娱乐手段。在后来的发展和演变进程中，篮球的娱乐性特征始终占据着一定的位置，是篮球赖以生存和发展的重要因素。从事篮球运动的人能从中得到自我价值的体现，愉悦身心，促进身心健康发展，而观看篮球比赛的人也能从中得到鼓舞、力量和快乐，丰富了自己的业余生活，使自己得到满足和自信。

（七）比赛的观赏性

篮球运动作为一种社会文化形态，具有很高的技艺性与观赏性，篮球运动能充分展现出人的心灵气质和优美形态。另外，众多篮球明星队员的出现为比赛注入了强心剂，大大增强了比赛的观赏性。篮球运动场上，比赛情况是千变万化的，失败者的沮丧、胜利者的喜悦，都使人难以忘怀，这充分表明篮球运动具有极强的观赏价值，这也是篮球运动赖以发展的基础之一。如 NBA 前球员乔丹、约翰逊等世界优秀篮球运动员，将篮球技术、智慧的运用升华到了艺术的境界，这不仅仅体现了个人的才华，而且又能给人以艺术的享受、智慧的启迪。

（八）知识的多元性

现代篮球运动具有内容结构的多元性和综合化的特点，形成了自己独特的理论和技战术体系。发展到现在，篮球已成为一门交叉性较强的学科课程，篮球运动方面的知识开始向多元化方向发展。知识的多元性要求运动员和运动队必须具备特殊的运动意识、集体的团队精神、个性气质、身体形态条件、生理机能、心理品质、道德作风，全面身体素质、专项技术与战术配合方法体系及实战能力等。

（九）运动的教育性

在篮球运动发展的过程中包含着丰富的教育内容。因此，它对提高人的社会素质，活跃社会生活内容，促进社会交往，增强国家与民族自尊和自信心都有独特的社会价值。篮球运动以球队的形式进行集体训练和比赛，而篮球运动获得胜利的重要保证之一在于队员之间的协调配合、统一行动。这种协调配合、统一行动必须以积极的、健康的道德情感为基础，视共同的责任感、荣誉感为精神支柱；忽视集体力量而过分重视"表现自己"，从而给予集体造成损害的人，无疑将受到公众的批评和指责。在这种以团队为基础的教学、训练中，有益于培养参与者集体主义精神，增进良好的道德情感，从而促进正确道德意识的形成。

（十）运作的商业性

职业篮球运动员可以参加奥运会等世界大赛，对世界篮球运动的进一步发展与提高起到了强大的推动作用。随着篮球运动职业化程度的不断发展，各国相继建立起自己的职业联赛，如美国职业篮球联赛（NBA）是当前发展的最为迅速、影响力最大的职业联赛，我国篮球职业联赛（CBA）在近年来也得到了快速的发展。职业篮球联赛的发展推动着篮球运动在世界范围内进入商品化，使其走上了商业化的发展轨道，运动员和运动队的技能水平等都将成为商品。因此国内外重大篮球竞赛组织者以电视转播、广告宣传、运动服装、体育器材、体育彩票等方面进行体育经纪活动，并通过经纪人开展盈利性经营和操作。这表明篮球运动具有商业性的特点，是篮球运动发展的新趋势之一。

（十一）比赛的职业化

自现代职业篮球俱乐部成立以后，随着竞技水平的不断提高和竞赛规则的逐步完善，现代篮球运动在全球得到飞速的发展。运动员智能、体能和技战术水平的提高，在篮球运动的职业化进程中起到了重要的催化作用。在 20 世纪末期，职业篮球俱乐部如雨后春笋般涌现，美洲、欧洲、澳洲、亚洲等地区的职业篮球俱乐部相继建立起来，在国际奥委会同意美国 NBA 职业球员参加国际大赛后，现代篮球运动进入了一个新的起点。发展到现在，全球职业化篮球已发展为一项新的产业，这是篮球运动发展的一个新特点。

二、篮球运动的规律

篮球运动的规律是指篮球运动发展变化过程中起主导作用的本质联系和必然趋势。篮球运动既具有同场竞技球类运动的普遍规律，也具有其特殊规律。攻守平衡、准误转化、高速均衡，从三方面全面揭示了篮球运动的特殊规律。

（一）攻守平衡规律

进攻与防守是篮球运动竞赛的一对基本矛盾。竞赛双方，在同一时间段里非攻即守，交替转换，既相互对抗，又相互平衡。一次进攻结束后就是一次防守的开始，一旦二者的平稳被打破就意味着一方要承担失败的结果。尽管从比赛的目的和防守任务的作用来看，进攻投篮得分，防守阻攻获球，进攻占主导地位，防守应居第二位，但因成功防守主动获球，不仅加快由守转攻的进程，而且破坏了对方进攻的有序性。此外，攻守因素相互包含，相互渗透，攻中有守，守中有攻，寓于整个篮球运动竞赛中。策略上、战术上的强攻助守，强守助攻，都会使局势向相反的方向转化。攻为主导，守为基础，攻守并重，相互平衡的规律反映了篮球运动进攻和防守的两个相互对应、相互斗争，又相互依存、相互促进的矛盾运动过程。进攻和防守的矛盾的两个方面推动了篮球运动发展。因此，攻守平衡是篮球运动普遍性的形成。

（二）准误转化规律

决定篮球运动竞赛的胜负是得分，得分的多少是各种技、战术运用准确与失误较量的结果。无论是控制球的准误，战术配合的准误，还是最终投篮的准误，其准误关系都是一个变量，它在竞赛过程中不断地发生相互转化。与此同时，本方的"准"是在给对方制造"误"的条件下进行的。攻篮比准，守篮比误，准误较量相互转化，贯穿于整个篮球运动的始终。准误转化规律是篮球运动特殊性的形成。

（三）高速均衡规律

随着篮球运动的发展和竞技水平的不断提高，队员的平均身高也不断增长。高大队员的大量涌现，形成了更为激烈的高空争夺，各种高空技术、战术的创新成为篮球运动竞赛中制胜的高招。同时，在进攻时间限制下，加快进攻速度，提高攻守转换速度，提高运用技战术间衔接的速度，加快战术变化的节奏，以增加攻击次数，提高得分的概率也成为篮球运动竞赛中制胜的法宝。因此，在具备不仅空中控制点多，范围大的同时，还要具备快捷的速度，使高度与速度在对立中求统一，制约中找联系，将高度和速度有机结合起来，充分发挥高空及地面的优势，达到高度与速度的均衡发展，是篮球运动最完美的境界。高速均衡规律是篮球运动必然性的形成。

三、篮球运动的功能

长期以来，篮球运动是作为健身强体的游戏项目和挑战人体极限的竞技运动项目而存在和发展的。从本质上讲，竞技运动与健身运动的最终归属有明显的不同，前者追求的是挑战人体极限，具有更强的观赏性；后者的目标是普通人的身心两健。不同的运动目的，所采用的运动形式和方法必然有所不同。篮球运动的功能主要有如下几点。

（一）篮球运动的健身功能

大凡球类游戏都是通过一定形式的身体活动，达到强身健体的目的。

从生理层面上看，从事篮球运动能够发展人的体能，促进人的身体健康。比较而言，篮球运动在发展体能方面的优势在于能够全面地发展人的身体素质，同时可以改善人的感受器官和神经系统的功能。从事篮球运动还可促进人的心理健康。作为集体性的运动项目，篮球运动无疑为人与人之间的正常交往提供了理想的平台，在运动过程中良好的心理体验可以改善人的心理状态。

综上所述，篮球运动的健身功能主要表现为发展体能和促进心理健康。从社会的发展和人的自身需要出发，这两项功能具有重要的意义。20世纪末，人类进入了以信息革命为标志的后工业社会。生活环境和生活方式的变化在使人的生活更加舒适的同时，也带来了一系列的问题：由于缺乏体力活动，人体各机能的活动经常在保证基本生理需要的水平线以下，出现了各式各样的"文明病"。长此以往，不仅影响个人的生活质量，更对人类的繁衍生息不利。在信息化社会中，人们在智力水平上的竞争日趋激烈，要承受巨大的心理压力，加之缺乏必要的、正常的社会交往，人的心理问题较之以往更为普遍和严重。大众的运动行为越来越显示出以发展体能和促进心理健康为目的，以终身性为特征的趋向。篮球运动的健身功能正与大众的健身需求相吻合。

（二）篮球运动的教育功能

篮球教学是学校体育教育的重要内容。体育的教育功能突出表现为它被世界各国纳入教育体系之中，成为我国小学一直到研究生阶段，学生必修的唯一的基础学科。体育独具一格的教育功能，不仅在培养学生掌握科学锻炼身体的知识、方法和技能，养成长期自觉坚持体育锻炼的良好习惯，促进心理、身体的全面发展等方面具有良好作用，而且有助于培养人们勇敢顽强的性格、超越自我的品质、迎接挑战的意志、承担风险的能力，有助于培养人们的竞争意识、协作精神和公平观念，有助于弘扬集体主义、爱国主义精神，增强国家和民族的向心力、凝聚力。而篮球运动是学生们最喜爱的体育运动项目之一，通过篮球运动的学习与锻炼，篮球运动的比赛对学生具有发展人的个性，完善人格的作用，是"情商教育"的最佳形式之一。

（三）篮球运动的娱乐功能

生产力的高速发展带来了生产率的不断提高，人们的工作时间减少，休闲时间越来越多，篮球运动以其特有的娱乐性，吸引着越来越多的人，使它成为人们度过余暇时间一项必不可少且饶有兴趣的活动。现代篮球运动,特别是职业篮球联赛,其技艺日益向高、难、新、尖的方向发展,使健、力、美高度统一起来,产生一种使人赏心悦目的竞技运动之美。人们在紧张的工作、学习之余,通过参加篮球运动或观看篮球比赛,可以松懈神经,调节心理,获得积极性休息,增强体质,这不仅有助于疲劳的恢复,而且也是精神上的享受。的确,篮球运动无愧为一种最积极、最健康的娱乐方式,它能满足男、女、老、幼各种人群的精神需要。

（四）篮球运动的医疗保健功能

体育的医疗保健功能与防病治病直接有关,人们很早就对体育能防病治病、强身健体的医疗作用有明确的认识。特别是随着科学技术和经济的高速发展,生活质量的不断提高,人们的体力劳动、家庭劳动随之减少,而脑力劳动相应增加,片面性发展加剧；膳食结构中肉类食品增多,脂肪吸入量增大,给人的健康带来了严重威胁。由于运动不足,生活节奏的加快,余暇时间的增多,而造成的肥胖症、高血压、高血脂、心脏病、神经衰弱等现代"文明病"的发病率显著上升,使人们深感忧虑。于是人们纷纷从事长跑、散步、体育舞蹈、武术等体育活动来防病治病,提高健康水平。而篮球运动以其特有的魅力成为人们最受欢迎的项目之一,因为篮球运动的参与不受人数限制,运动量的大小也可自行调节,无疑篮球运动的医疗保健功能在现代社会中已日趋突出。

（五）篮球运动的启智功能

现代科技研究证明,经常坚持运动锻炼,能保持大脑能源物质与氧气的充足供应,使大脑神经细胞发育充分。同时,不同性质的运动动作,能给大脑和神经系统提供各种刺激信息,有利于提高大脑皮层细胞活动的强度、均衡性和灵活性,使整个大脑神经系统的结构、功能得到改善和提高,从而有利于全面发展观察力、广泛训练记忆力、启迪诱导想象力、帮助提高思维力,为智力的开发创造良好的生理条件和环境条件。苏联教育家霍姆林斯基进行了20多年的考查研究,发现85%落后学生不是思维迟钝、智力低下,而是由于身体虚弱、健康不佳所致。我国也有研究证明,身体好对学习有良好的促进作用,科学的运动锻炼能促进学生智力的发展。

（六）篮球运动的竞争功能

运动场是和平时期的战场,其突出的特点就是竞争。特别是到了近代,以奥林匹克运动为代表的世界体育竞赛活动,竞争异常激烈,不仅大大推动了体育运动的普及、发展、提高,而且也促进了人类社会政治、经济、文化、教育、科技的进步。许多哲学家早就把运动场当作社会的一个缩影,运动场本身就是一个特殊的社会环境。人们通过参加各种形式的运动竞赛,能有效地培养顽强意志、竞争意识和拼搏精神,提高心理承受能力,适应现代社会的发展要求。

（七）篮球运动的交流功能

在篮球锻炼与比赛过程中,能增强人与人之间的交流和交往,是促进人们的友谊和增强团结的重要手段。通过篮球运动锻炼与比赛,能够扩大人们的情感交流,增加人与人之间的相互了解,改善人际关系,共同创造和谐文明的社会环境。国际的篮球赛事交往,还能够促进国家与国家之间,不同民族之间的相互了解和相互信任,有利于人类社会的和平与发展。

（八）篮球运动的经济功能

篮球运动是人的活动,特别是成为一种很多社会成员参加的经常性活动后,总是在一定的物质消费的基础上进行的,必然要消耗一定的人力、物力和财力。因此,与篮球运动相关的服装、器材、装备及场地设施等需求就会随之而产生,体育服务等社会行业就必然会出现。特别是在现代社会,职业篮球联赛的很多内容已经发展成为人类社会的第三产业,在社会经济生活中发挥着越来越大的作用。许多国家的政府还出台了体育产业发展纲要等政府文件。这些都充分说明了篮球运动的经济功能和作用。

第三节　中国篮球运动的改革与发展

一、我国篮球运动的改革与发展

1895年,篮球运动传入我国,当时最早开展这项运动的城市是天津市。天津市也就成为我国篮球运动的发源地。受不同时期政治、经济、文化和教育等各方面因素的影响和制约,我国篮球运动大致可以分为以下三个时期。

（一）缓慢发展期

在中华人民共和国成立前,受多方面因素的影响和制约,我国篮球运动发展比较缓慢。总体来看，这一时期我国的篮球运动基本上处于一种放任自流的状态。经过近 10 年的传播，篮球运动才逐渐成为 20 世纪初大、中学校的主要体育活动并从学校传入社会。篮球运动得到了初步的发展和传播，并且逐渐开始举办篮球比赛，这也在一定程度上促进了我国篮球运动的进一步发展。1910 年我国举行的第 1 届全运会上，男子篮球被列为表演项目；1914 年第 2 届全运会上，男子篮球被列为正式比赛项目；1924 年第 3 届全运会上，女子篮球被列为正式比赛项目。此后，在华北等地区性运动会上，篮球运动也被列为正式比赛项目。我国男子篮球队曾参加了 10 次远东运动会的比赛，并在 1912 年第 5 届远东运动会上获得冠军。1936 年和 1948 年，我国曾派篮球队参加第 11 届和第 14 届奥运会比赛。中国篮球协会于 1936 年奥运会期间正式成为国际业余篮球联合会成员。这是我国篮球运动的进步。

20 世纪 20 年代初期，我国篮球运动水平非常低下，直到 20 世纪 30 年代后，篮球技术才有了一定程度的发展，出现了多种多样的传球方式，有双手反弹传球、单手勾手传球和单手背后传球等。投篮方式也逐步增多，有单手定位投篮、单手勾手投篮、行进间单手投篮和转身跳起双手腹前投篮。运球技术也有所发展，如变向运球等。在战术方面，1927 年以后有了五人分区联防，1930 年，在我国第 4 届全运会上，上海队采用了人盯人防守和快攻的自由式打法。1935 年以后开始流行"8"字战术。

这一时期，我国的篮球运动与军队、革命运动还有一定的联系。20 世纪 30 年代后期，在革命根据地，篮球运动已成为深受广大人民群众和八路军将士喜爱的运动项目。当时特别引人注目的是在国内享有盛誉的八路军 120 师师长贺龙和政委关向应亲自组建的"战斗篮球队"，以及抗日军政大学三分校以东北干部为主组成的"东北篮球队"。纪律严明、宗旨明确、体能良好、斗志顽强、打法泼辣、技术朴实是他们共同的特点，这使得革命军人的优良道德品质和战斗风格得到了充分的反映，并给根据地军民留下了深刻的印象。在这样的背景和形势下，我国的篮球运动得到了初步发展。

1945 年抗日战争胜利后，天津、北京、上海以及东北等地区涌现出不少新的篮球队。中华人民共和国成立后，我国体育事业的蓬勃发展和群众性篮球运动的普及为篮球运动水平的迅速提高奠定了坚实的基础。

1948 年，中国参加了在英国伦敦举办的第 14 届奥运会篮球比赛，本届比赛共有23个国家参加，最终经过激烈角逐，中国队获得第18名。这一成绩虽然不能算是理想，但是对于起步较晚的中国篮球来说，让人们看到了发展的前景和希望。

（二）普及复苏期

中华人民共和国成立后，篮球运动受到政府和领导的高度重视。在"普及与提高相结合"的方针指引下，篮球运动在我国也得到了广泛的开展。

20世纪50年代初，中央体训班篮球队在北京成立，这对我国篮球运动水平的提高具有重要的意义。为加强我国篮球运动同其他国家之间的交流，1950年12月24日，苏联国家篮球队访问了我国北京、天津、上海、南京、广州、武昌、沈阳、哈尔滨8个城市，与这8个城市中的多支队伍进行了共33场比赛，比赛结果是我国球队输掉了绝大部分比赛。这次篮球交流和对比，直接暴露了我国篮球竞技水平整体较为落后的状况。为了摆脱这一落后局面，主管部门采取了一系列的措施，具体来说主要包括：进一步加速组建专业队伍，学习先进经验和打法，更新束缚自己的传统观点，积极参加国际比赛。经过一段时间的努力，篮球运动在短期内取得了显著的成效，并且在国际交往中战胜了不少欧洲强队，也出现了一些优秀的篮球运动员，如黄柏龄等优秀运动员的技艺表演在中国篮球历史上写下了光辉的一笔。不久，各大地区都组建了篮球集训队，这也预示着中国的篮球运动进入一个新的发展时期。

自1955年全国篮球联赛制度开始实行以后，我国篮球运动开始有了不同阶段的训练指导思想，并建立了相对稳定的分级竞赛制度。1956年，我国曾多次召开篮球训练工作会议，明确提出"积极、主动、快速、灵活、准确"的训练方针，从此以后，我国篮球运动开始走上有计划的系统训练道路，技术水平也得到极大提高。在以后举行的篮球比赛中，我国篮球运动员都取得了较为理想的成绩，并且逐渐形成了自己的独特风格。1959年，我国举办的第1届全国运动会篮球比赛中，四川男队、北京女队分别获得冠军。当时，我国篮球在技术、战术上逐步形成了以"快攻""跳投""紧逼防守"为制胜法宝的独特风格。

经过多年实践，在总结我国篮球运动发展历程和对比世界篮球运动发展现状的基础上，确立了篮球运动的训练指导思想，使我国篮球运动在思想建设、理论建设、队伍建设、赛制建设、科学研究等方面有了明确的目标和方向。1966年，我国篮球运动已接近世界先进水平，战胜了不少欧洲强队。但经历1966—1976年这段时间之后，我国的篮球运动再次陷入了低谷时期，与篮球发达国家的差距进一步加大。

1972年，我国举行了全国五项球类比赛大会，同年年底，篮、排、足三大球训练工作会议在北京召开，会议提出了"积极主动，勇猛顽强，快速、灵活、全面、准确"的技术风格。1975年，中国篮球协会在亚洲业余篮球联合会取得了合法席位，次年，国际业余篮球联合会通过决议，恢复中国篮球协会的合法席位，并承认中华人民共和国篮球协会是中国唯一合法组织；1979年，我国实行改革开放政策，我国篮球界深化改革，严格训练，严格管理，篮球运动进入最佳发展时期，在世界性及洲际性竞赛中不断获得优异成绩。然而20世纪90年代中后期，由于种种原因，我国男、女篮球队在国际大赛中成绩不尽人意，呈滑坡状态。

（三）改革创新期

20世纪90年代中期以后，随着市场经济的不断发展，以及改革开放的逐步深入，人们的思想观念发生了重大的变化，在此影响下，我国篮球运动也进入了市场化的快速发展道路。

1995年，在国家体委"坚持正确方向，抓住有利时机，继续深化改革，发展体育事业"的精神指导下，坚持篮球运动"积极稳妥，健康有序"的改革方针，及时有效地抓住了外商注资的契机，与外资集团合作。在1996年创造了我国职业化联赛的开端，也是一次大胆的改革尝试，即举办了由前卫体协、吉林、北京体师、上海交大等8个省市、部队、学校组队参加的男子"职业"篮球联赛（当时称CNBA职业联赛），但遗憾的是，这个联赛开始不久后就因故暂停了。此后，中国篮协认为联赛是国家篮球水平的基础，决定再一次对联赛竞赛制度进行改革，并以全国男篮甲级联赛赛制改革为基础，以职业化、商业化为导向，全面加速篮球竞赛体制改革的进程。1997年，国家体委成立了篮球运动管理中心，这在篮球运动的管理体制改革上迈出了重要的一步。随后把传统的全国甲级联赛改为中国男子篮球职业联赛（China Basketball Association，CBA），简称中职篮。通过5年的改革实践和努力，我国篮球事业拥有了新的生机和活力，不仅摆脱了初始阶段的困境，而且还展现出更为广阔光明的发展趋势。CBA联赛的成功吸引了各个年龄段的篮球爱好者和社会的关注，特别是在球队实力接近、比赛悬念丛生的 2000—2001 赛季中,以"小巨人"姚明、"追风少年"王治郅、"战神"刘玉栋和"虎王"孙军等人的出色表现,有效地扩大了中国篮球联赛和中国篮球在世界的影响力。

21 世纪后,我国篮球运动的产业化发展步伐进一步加快,开始迈出职业化、产业化发展的新步伐。截至目前,我国男子篮球职业联赛的发展已有 20 多个年头,在这 20 多年里,我国职业篮球从最初的不完善,到现在成为影响力较大的篮球联赛之一。由此可见,我国篮球运动发展的势头良好,有着非常广阔的发展前景。

二、我国高校篮球运动开展的现状

篮球因其广泛的参与性、运动强度的可控性、易于开展等特征,广受人们的喜爱,特别是广大青少年朋友,篮球在我国有一定的群众基础。目前,篮球是高校开展最为广泛的一项体育运动,深受广大学生的喜爱,无论是学校篮球场地的建设还是参与学生的数量都可以说是学校普及率最高的运动项目之一。普通高校篮球运动开展的基本现状如下。

(一)场地设施建设比较突出

纵观我国各大普通高等院校,在体育场地设施建设方面篮球场地的建设还是比较到位,这比其他各种体育项目场地设施的发展建设明显突出。在普通高校体育场地设施建设还是略显不足的情况下,篮球场地设施的建设基本能够满足广大学生锻炼、活动、娱乐的需要。走进任意一所高等院校,篮球场地很快就会引起人们的注意,高高的篮球架下面聚着几个活力十足的少年。目前,普通高校篮球场地设施建设主要表现出以下几方面的特点:第一,场地数量众多;第二,场地总面积较大;第三,现代化程度相对较高。

(二)参与人数众多

在青少年大学生运动的喜好、篮球项目的特点以及目前高校篮球场地建设的现状共同作用下,出现了一个这样的结果:在天气条件允许的情况下,篮球场地总是人山人海。在深入调查后,了解到目前篮球是普通大学生最为喜爱的运动项目之一,问卷统计显示在受调查的同学中有 54%的男生把篮球视为自己第一喜爱运动项目,也有 22%的女同学将篮球作为自己最乐于参与和观看的运动项目。从每天参与的人数来看,篮球无疑是参与人数最多的运动项目。

（三）活动形式多样

篮球运动的活动形式多样，参与方式众多，组织形式各样。分组对抗是大学生参与篮球活动最主要的形式，也可以进行持球基础练习。篮球也是广大普通高校最常组织的基层活动之一。平时有以各个班级或者年级为单位的院系内部比赛，有以院系为单位的校级比赛，还有以学校为单位的省级或者全国联赛。这些比赛极大地丰富了同学们业余文化生活，吸引着广大青少年积极投身于体育锻炼中。

篮球运动在普通高校的开展中体现出了一些特点：①广泛的参与性。篮球是高校开展较好的体育运动项目之一，学生参与数量众多，学校每学期都会组织多种形式和类别的篮球比赛，不管是男生还是女生都会参与其中，每个高校都有较好的篮球文化氛围。②健身、娱乐性强。篮球是一项既讲究整体配合、团队协作，又注重个人能力表现的体育项目。在高强度的进攻与防守中感受运动带来的快感，通过团队的配合加强同伴之间的交流与信任。篮球的比赛形式多样，可以是全场也可以是半场，可以是三对三进行也可以是四对四，只要人数相同就可以开始比赛。在比赛中锻炼身体，为了更好地表现自己，很多同学会经常性的进行篮球训练，有的同学还会进行一些专项身体训练。篮球较强的娱乐性吸引众多大学生积极参与其中，特别是广大男生，一到下午每个篮球场地都有学生在活动。③教育性突出。在体育活动中实施各种教育的行为是普通高校开展各项体育活动的又一主要目的之一。从教育的本质来看，篮球运动可以说是目前体育活动与社会行为结合最为贴切的项目之一。在高校开展的篮球活动或者各种篮球竞赛活动过程中，实际包含着丰富的教育内容。这些活动和竞赛对于提高学生的社会素质、活跃社会生活内容、促进社会交往、增强国家与民族自尊和自信心都有独特的社会价值。

第三章　篮球运动育人价值

苏联著名教育实践家和教育理论家苏霍姆林斯基说过："我们力求使学生深信，由于经常的体育锻炼，不仅能发展身体的美和动作的和谐，而且能形成人的性格，锻炼意志力。"其中就提出了体育对于人的性格和意志力有着明显的影响。

叶澜教授在2004年的"新基础教育"发展性研究报告集中指出，"任何一门学科的教学，都要认真分析本学科对学生而言独特的发展价值，它除了指该学科领域所涉及的知识对学生的发展价值外，还应该包括服务于丰富学生对所处的变化着的世界的认识，为他们在这个世界中形成、实现自己的意愿提供不同的路径和独特的视角；学习该学科发现问题的方法和思维的策略、特有的运算符号和逻辑；提供一种唯有在这个学科的学习中才可能获得的经历和体验；提升独特的学科美的发现、欣赏和表现能力"。叶澜教授是我国著名教育家，现为华东师范大学终身教授、博士生导师，曾任华东师范大学教育系主任，教育科学与技术学院院长，华东师范大学副校长，现任华东师范大学基础教育改革与发展研究所所长，华东师范大学学报（教育科学版）主编等职务。已出版的专著有《教育概论》《教育研究方法论初探》《"新基础教育"论——关于当代中国学校变革的探究与认识》等；是我国当下最著名的教育学权威人士之一，也是其首次对育人价值这一概念进行了详细的阐述和分类。

这一关于育人价值的概念和分类受到当前学术界的普遍认可，至少包括四个层面：一是该学科知识促进了学生的发展；二是该学科提供了认识世界的独特视角；三是该学科提供了思考问题的独特逻辑与独特思路；四是该学科提供了独特美的发现、体验与表现。概括来说，学科的育人价值包括学科知识、认识世界、思考逻辑和情感审美这样四个方面，认识世界的方式与思考问题的逻辑在本质上是一致的，也就是人的思维。

第一节 篮球运动对大学生身体健康的影响

一、篮球运动对身体形态和机能的影响

根据世界卫生组织在1978年国际保健大会上通过的《阿拉木图宣言》重申的健康概念:"健康不仅仅是没有疾病和痛苦,而是包括身体、心理和社会适应方面的完好状态。"可以看到人的健康是由身体、心理和社会适应能力三大方面组成的。在身体健康方面,体育锻炼对身体形态和身体机能有重要的影响。为此,这里着重介绍通过篮球运动对大学生的身体形态、心血管系统机能和呼吸系统机能的影响。

(一)篮球运动对身体形态的影响

人体的形态是以骨骼为支架,关节为支点,肌肉为牵拉(收缩)动力进行的身体塑造。经常参加篮球运动,会对人体骨骼、肌肉和身体成分产生重要影响。

1. 篮球运动对人体骨骼的影响

骨骼是人体内最坚实而又具有一定弹性的组织。骨的表面有一层很薄的结缔组织,称为骨膜,骨膜下面是一层结构很坚实的骨密质,骨密质愈厚,力量就愈强。骨的里面有造血细胞和丰富的血管和神经,它具有修补骨骼的能力。在骨的内层和长骨两端是结构疏松的骨松质,骨松质的形态像海绵状,它由骨小梁纵横交错,接受力方向排列,以保持骨的坚固而又不过重。经常参加篮球运动,人体通过不断地奔跑、跳跃、急停和变向等动作,不仅促进了血液循环,增强了新陈代谢,而且有效地促进了骨的结构与功能的变化,使骨密质增厚,骨小梁的排列受肌肉的强力牵拉和外力的刺激作用,更加规则有序,增强了骨的坚固性,韧带在骨骼上的附着部位、结节、粗隆和其他突起部位,变得更粗糙,这有利于肌肉和韧带更牢固地附着在骨骼上。这些变化都有利于骨骼承受更大的外力作用,提高了骨的抗扭、抗变、抗断和抗压能力。

经常参加篮球运动,不仅使骨骼变粗,还可以促进骨骼增长。人的身高是由骨骼发育成长决定的。经常参加篮球运动的青少年,比不爱运动的

同龄人身高平均高几厘米。这是因为骨骼两端有软质的骨骼，这层骺软骨在新陈代谢的作用下，不断地骨化而变为硬骨，同时又不断增生新的软骨，促进了骨的加长。这种变化过程在儿童和青少年时期十分明显，一般到25岁左右骨骼才完全骨化，以后骨骼就停止增长了。

2. 篮球运动对人体肌肉的影响

骨骼肌通过收缩，围绕着关节拉动骨骼，产生人体的各种运动。因此，骨骼肌是实现人体运动的动力。研究证明，经常参加篮球运动可以使骨骼肌的形态、结构和功能发生一系列的适应性变化，具体表现在以下几个方面。

1）篮球运动可以增加肌肉体积

肌肉是由肌纤维（又称肌细胞）组成，肌细胞是肌肉活动的基本功能单位。实验证明，经常参加篮球运动可使肌纤维增粗，从而使整块肌肉体积增大。此外，耐力训练可使快肌纤维向慢肌纤维转化，也会使肌肉体积增加。

2）篮球运动可以增强肌肉结缔组织

在篮球运动中通过肌肉反复地收缩和牵拉，不仅可以促进肌腱和韧带中的细胞增生，也可使肌外膜、肌末膜和肌内膜增厚，肌肉变得结实，抗牵拉强度提高，从而增强了肌肉抗断能力。

3）篮球运动可以影响肌纤维的类型

篮球运动是一项集速度、力量、爆发力、耐力、灵敏性和柔韧性于一体的运动项目。篮球运动中表现出的力量对抗动作，可使肌纤维得到最大限度的发展，快肌纤维增粗明显。篮球运动中体现出的耐力，可使肌纤维中线粒体数量增加，体积增大。

4）篮球运动可以影响肌群收缩的协调性

篮球运动中运动员经常需要快速起动、急停变向、攻防转换等技术。这些技术通过脚蹬碾和腰腹肌等发力，改变身体位置，方向和速度，使原动肌、对抗肌和固定肌共同收缩，相互配合，共同协调，以确保工作的完成，从而改善和提高了这些肌群的协调性，使肌肉收缩的效率得到充分发挥。

5）篮球运动可以增强肌耐力

经常参加篮球运动，首先会使肌糖原含量增多，从而增加了肌肉内能源储备；其次也会使肌红蛋白含量增多，使肌肉中储存氧的能力大大提高，减少乳酸的生成，延缓运动性疲劳的产生；第三会使肌肉中线粒体数量增多，体积增大，肌肉中有氧氧化能力增强。研究发现，肌纤维中的毛细血管在篮球运动中开放的数量为安静时的20~30倍，这样可以增强肌肉中的血液循环，有利于肌肉进行长时间的紧张工作。

3. 篮球运动对身体成分的影响

身体成分主要是指人体的骨骼、肌肉和脂肪占人体总体重的比例。由于骨骼的比重比较稳定，肌肉的比重变化也不十分明显，变化最大的是脂肪部分。所以人们对身体成分的关注自然就落在了脂肪方面。体脂率是指人体内脂肪重量在人体总体重的比例，又称为体脂百分数，它可以反映人体内脂肪含量的多少。正常成年人的体脂率分别是男15%~18%，女25%~28%。大学生经常参加篮球运动（而不是专业运动员的竞技运动），绝大多数都是有氧运动。有大量实验数据表明，有氧运动可以明显增加脂蛋白酶（LPL）的活性。脂蛋白酶活性的增加，可以促进运动中和运动后体内的脂肪分解，增加脂肪的利用率，促进肌肉发达有力，肌肉体积增大，体脂率下降，达到强身健体、保持健美体形的目的。此外，正常人骨骼肌重量约占体重的40%，经常参加篮球运动的人可达到45%~50%。男大学生通过长期的篮球运动训练，上臂皮脂、背部皮脂、腹部皮脂的厚度明显减少，胸围、腰围、大腿围和小腿围的指数都明显低于锻炼前，健身和健美效果明显。

（二）篮球运动对心血管系统机能的影响

1. 篮球运动对心脏泵血功能的影响

1）篮球运动能促进心肌收缩力增强

篮球竞赛是一项时间较长、强度较大的运动项目。在篮球运动中，运动员的心输出量保持在一个较高水平，使心肌合成代谢增强，心肌收缩蛋白增加，心肌纤维有不同程度的增粗肥大，心肌细胞的功能活动增强，同时毛细血管功能活动增强，有利于心肌运动时氧的弥散与营养物质的供应。研究表明，篮球运动可使心肌细胞内毛细血管分布与功能结构增多。心脏的这些结构与功能的变化，将有利于心肌有氧氧化供能，使心力储备和心肌收缩功能增强，每搏输出量增多。

2）篮球运动能使心腔容量扩大

运动时由于肌肉活动，需要消耗大量的氧气和营养物质，同时会产生较多的二氧化碳等代谢产物。为此，必须加快血液循环，输送氧料，带走代谢物，即加快新陈代谢。因此，经常参加篮球运动，会使心肌增厚，心腔容量扩大，包括左、右心室和左心房的增大，有利于每搏心输出量的增加。

3）篮球运动有助于静脉回流量增多

人在进行篮球运动时，由于肌肉和关节的感觉神经传入冲动，使大脑皮质处于强烈的兴奋状态，迷走神经张力减弱而交感神经张力增高，促进肾上腺髓质分泌肾上腺素和去甲肾上腺素增多，使运动员的心搏加快、加强，腹腔内脏血管收缩，肌肉血管舒张，通过血液重新分配，使血液循环量增加。此外，由于肌肉血管舒张，外周阻力下降而继发性引起呼吸运动加强，胸膜腔内压增高，这些因素都有利于静脉血液回流，自然也有利于每搏心输出量的增加。

2. 篮球运动对血液循环系统功能的影响

1）篮球运动能使血管壁增厚

经常参加篮球运动有利于增厚动脉血管壁的中膜，并使平滑肌和弹性纤维增多。通常情况是大动脉的弹性纤维增长占优势，中等动脉的平滑肌细胞增长占优势。

2）篮球运动有利于增加毛细血管的数量

研究发现，经常参加篮球运动，能使骨骼肌内的毛细血管分布的数量增加，这有利于提高器官的供血功能；还能使心脏周围毛细血管的数量增加，心室肌毛细血管密度增大，冠状动脉增粗，这会有利于心肌的血液供应和对氧的利用。

3）篮球运动有利于提高血氧饱和度

血氧饱和度是指血液中血红蛋白（Hb）与氧结合的程度。血液中Hb可以结合氧和解离氧，是人体必需的氧载体。血氧饱和度是反映血液运输氧的能力的重要指标。人体除了红细胞中的Hb可以运载氧之外，肌肉中的肌红蛋白也是一种含铁蛋白质，其性质与Hb一样。经常参加体育运动可以使血氧饱和度增高，肌红蛋白增加，机体内含氧量增强。

3. 篮球运动对微循环系统功能的影响

通常情况下，骨骼肌中微循环的迂回通路只有20%~30%的真毛细血管处于开发状态，它的舒张和收缩功能主要与局部代谢物的积累有关。参加篮球运动时肌肉中的代谢产物会增多，这促使真毛细血管开放增多，有利于肌肉获得更多的氧，以适应机体代谢的需要。在直捷通路中后微动脉和后微静脉更加吻合,血液流速增快,动静脉吻合支开放量增加,皮肤血流量增多。

(三)篮球运动对呼吸系统机能的影响

1. 篮球运动对肺活量的影响

1)肺活量的含义

肺活量是指人体尽最大努力吸气后,尽力所能呼出的最大气量。肺活量有较大的个体差异,它与年龄、性别、体表面积、体位、呼吸肌力量,以及胸廓弹性等因素有关。肺活量反映了人一次通气的最大能力,是最常用的测定肺通气机能指标之一。

2)篮球运动有利于增强肺活量

正常成年人男性的肺活量为 3 500 毫升左右,女性约为 2 500 毫升。经常参加篮球运动能使呼吸肌得到发展,胸围加大,呼吸深度加深、肺和胸廓弹性增强、安静时呼吸次数降低,肺活量增大。研究表明,篮球运动员的肺活量较常人要大,优秀运动员可达 7 000 毫升左右。经常参加篮球运动的大学生,肺活量明显增加,有氧运动能力有显著提高,这说明篮球运动对改善机体的生理机能有积极的影响。

2. 篮球运动对肺泡通气量的影响

1)肺泡通气量的含义

肺泡是人体进行气体交换的主要场所。肺泡通气量是指每分钟吸入肺泡的新鲜空气量。在每次吸入的空气中,总会有滞留在呼吸道细支气管内的一部分气体,这部分气体是不能进行交换的,故称为解剖无效腔。如一名体重 70 公斤的男性,其解剖无效腔的容积约为 150 毫升,因此,从气体交换的角度讲,只有进入肺泡的气体才是有效的通气量,即肺泡通气量。所以要提高肺泡通气量,在运动时尽可能深而慢的呼吸,比浅而快的呼吸更好。

2)篮球运动可以增加肺泡通气量

一般人在安静时每分钟呼吸 12~16 次,每次呼吸吸入的新鲜空气约 500 毫升,每分钟肺通气量为 6~8 升;而剧烈运动时呼吸次数可增加至每分钟 40~50 次,每次吸入空气达 2 000 毫升以上,为安静时的 4~5 倍,每分钟肺通气量可高达 70~120 升。经常参加篮球运动可导致安静时呼吸深度增加,呼吸频率下降。在相同肺通气量的情况下,运动员的呼吸频率要比无训练者要低，因为前者的肺泡通气量和气体交换频率增大，即肺通气效率更高。

3. 篮球运动对最大吸氧量的影响

1）最大吸氧量的含义

人体大肌肉群参加长时间的激烈运动，心肺功能和肌肉利用氧的能力达到本人的极限水平时，单位时间所能摄取的氧量称为最大吸氧量，通常以每分钟为计算单位。最大吸氧量能够反映机体运输氧的工作能力，是评价人体有氧工作能力的重要指标。

2）篮球运动可以增强最大吸氧量

人体通过呼吸系统摄取到氧气，再通过心血管系统把氧输送到组织器官。研究表明，经常参加篮球运动可以提高心脏的泵血功能，血液运输氧的能力和组织器官（主要是肌肉）利用氧的能力，还可以使肌肉中的毛细血管增加，线粒体数量增多和体积增大，促进静脉血液回流和有氧氧化酶的活性增加，并可提高肌红蛋白含量和最大吸氧量。

二、篮球运动对身体素质的影响

身体素质大致分为两大类：一类是与普通人健康状况有密切的联系，我们称为身体健康素质；另一类是与人的运动能力和竞技水平有密切的联系，我们称为身体运动素质。两者之间虽有密切联系，但对普通大学生来讲，毕竟是两个不同的问题，有必要分别论述。

（一）学生身体素质发展特征

在我国，学校按级别可以分为小学、中学和大学，学生的年龄约为 7～23 岁，这个年龄范围涵盖了生理学上学龄儿童时期（7～12 岁），少年时期（13～17 岁）和青年时期（18～25 岁），这一期间学生的身体的各个方面都处于不断发育的状态，这里仅对较容易受到体育运动影响的——学生身体素质的发展，进行综合性的阐述。运动生理学上有把学生身体素质按照绝对力量、相对力量、速度力量、力量耐力、反应速度、步频、最高跑速、耐力素质和协调能力的划分，以下将进行分别阐述。

1. 绝对力量的发展特点

儿童少年 7～9 岁为绝对力量发展的第一个阶段。因为在 7 岁后随着整个身体的生长和各器官、系统机能的发展，肌肉长度开始改变，相对力量有所提高。女孩绝对力量的自然发展从 10 岁开始，分为四个阶段：第一阶段，10～

13 岁，力量增长的速度很快特别是屈肌的力量，绝对力量可提高 46%；第二阶段，13～15 岁，力量增长的速度明显下降，绝对力量只增加 8%；第三阶段，15～16 岁，力量增长 14%。第四阶段，16～21，绝对力量增长缓慢，只增长 6%，接近最大力量。男孩在 10 岁以前与女孩差异不大，增长速度也较慢，从 11 岁起男孩和女孩出现差异，增长速度也开始加快。在 11～13 岁期间力量增长最快，18～25 岁力量增长缓慢，到 15 岁左右达到最大力量。

2. 相对力量的发展特点

对男、女孩来说，相对力量发展就较平缓，虽然绝对力量快速增长，但相对力量增长的速率并不大，甚至在个别年龄阶段，例如从 12～14 岁，每年只增长 2%～3%。形成这种现象的原因有两个：第一，体重增长较快；第二，在身高增长的最快时期肌肉横断面增长缓慢。要增加相对力量可进行全面训练，通过改变肌肉重量与体重的比例，改善相对负荷与肌肉力量的相互关系，不使肌肉出现过度肥大，而提高相对力量。

3. 速度力量的发展特点

男女孩在 7～13 岁速度力量增长都很快，13 岁后，男女之间的差别越来越大，男孩的增长速度大于女孩，到 16～17 岁时增长速度下降。在儿童时期，速度力量的发展与最大力量的发展相比，速度力量发展要快些和早些。所以，在儿童时期发展速度力量可收到较好的效果。

4. 男孩从 7～17 岁，力量耐力的发展呈直线上升。女孩 15 岁前是持续上升的，但 15 岁后则开始产生停止，甚至下降。

5. 反应速度的发展特点

儿童少年 6～12 岁反应速度大幅度提高，在 12 岁反应速度达到第一次高峰点。在性发育阶段，反应速度稍减慢。到 20 岁所有出现第二次高峰点。

6. 步频的发展特点

儿童从 7 岁起步频自然增长，13 岁后下降。在组里较小时，动作频率主要决定于协调性。因此，应在协调性最佳发展期进行增加步频的训练。6～13 岁是协调性发展的敏感期，所以，7～13 岁步频也随之自然增长。在此阶段可对儿童少年进行提高步频的训练。

7. 最高跑速的发展特点

男女孩 7～13 岁期间跑的最高速度的发展几乎是平行的，从 13～16 岁期间男女之间开始产生差异，男孩持续增长，女孩落后于男孩。7～13 岁是提高跑速最快最快的时期,而 10~13 岁期间尤为突出,增长值最大。如果将男女性别分开,男孩在 8~13 岁、女孩在 9~12 岁增长最快。

8. 耐力素质的发展特点

男孩 10 岁时,耐力素质出现首次大幅度提高;13 岁时,再次出现较大幅度的提高;16 岁时,耐力有最本质的提高;15 岁时,男孩已进入性成熟期,此时耐力增长明显减慢。女孩 9 岁时,耐力素质出现首次大幅度的提高;12 岁时,耐力指标再次提高;14 岁后,即进入性成熟期,耐力水平逐年降低;15~16 岁,耐力水平下降最大,16 岁后下降速度减慢。

9. 协调能力的发展特点

儿童 6~9 岁是发展一般协调能力的最有利时期,9~14 岁是发展专门协调能力的最有利时期。随着发育的成熟,从 11~12 岁开始素质训练,力量、速度和耐力能得到较快的发展。协调能力的自然发展在 13~14 岁(个别人到 15 岁)达到高峰。协调能力在学习技术动作的过程中可从灵活性、空间定位能力和节奏感等方面表现出来。

(二)篮球运动对身体健康素质的影响

身体健康素质是与普通大众健康状况有密切联系的一类身体素质,也有人称为健康体适能。它主要包括四方面内容,即有氧代谢能力、肌肉力量与肌耐力、身体柔韧性和体脂含量。

1. 篮球运动对有氧代谢能力的影响

1)有氧代谢能力的生理学基础

有氧代谢能力的生理学基础主要包括三方面。

首先是呼吸系统提供氧。呼吸系统由呼吸道和肺两部分组成。呼吸道主要功能是输送气体,肺部的细胞(肺泡)是进行气体交换的场所。篮球运动可以增加单位时间内气体呼出量,使呼吸肌得到发展,胸廓围度加大,呼吸深度加深,肺泡通气量增加。

其次是心血管系统输送氧。心血管系统是由心脏和血管组成。心脏是血液循环的动力器官,它的收缩与舒张推动着血液在心血管系统中周而复始的流动。动脉是引导血液离心的血管,毛细血管是连接小动脉与小静脉之间的血管,也是血液与组织之间进行气体交换和物质交换的场所;静脉是引导血液回心的血管,把血液汇集到大静脉而流入心脏。

最后是组织器官利用氧和其他营养物质的能力。人体组织利用氧和营养物质的主要场所是在毛细血管中。毛细血管的口径非常小，平均为 8 μm 左右，仅能通过一个红细胞，血管壁也非常薄。血管壁薄、通透性大，血管中血液流动缓慢，有利于血管内血液与血管外组织进行物质交换。

2）篮球运动时能量代谢的特点

一场篮球比赛的时间是 40 分钟，整个篮球比赛的过程（包括赛前的热身、赛中的暂停、犯规等停表时间）需要 70~90 分钟，整个篮球比赛是在紧张激烈的对抗条件下进行的。进攻队必须在 24 秒内完成一场进攻，这期间要做急停、摆脱、跳投、突破上篮、冲抢篮板球等动作；防守队要积极滑步、移动、顶、抢篮板球等动作。这些突然性的动作所需要的能量主要来自无氧代谢供能，以磷酸源系统（包括三磷酸腺苷，简称 ATP；磷酸肌酸，简称 CP）和糖酵解系统（又称乳酸能）为主。前者供能时间仅可持续几秒钟，后者供能时间也仅能持续十几秒，最多几十秒时间。所以，在篮球比赛中，一些连续的攻守转换，全场紧逼盯人等这类大强度的运动，往往会超过 15 秒以上，这时人体所需的能量就主要靠乳酸供能系统来提供。但是就全场篮球运动而言，运动员平均要在篮球场上往返跑 180~200 次，有 5 000~7 000 米，其间有快速奔跑，也有中速跑，甚至是慢跑，所有这些跑都是根据战术需要决定的，尽管其中需要一定的无氧代谢供能，主要是指篮球竞赛中的技术动作，但是在整个篮球比赛过程中有氧供能系统的供能仍占主导地位，占供能总量的 70%~80%，其中以肌糖原有氧氧化为主。

3）篮球运动可以提高有氧代谢能力

现代篮球比赛的运动负荷为高密度、大强度，最大强度时的心率可超过 210 次/分钟。由于比赛中经常会出现违例、犯规、换人和球出界等情况，使比赛暂时中断，场上运动员可以利用这些时间获得短暂的休整，心率可逐渐下降到 25 次/10 秒左右，所以篮球比赛中大部分时间都是以有氧代谢供能为主，这可使场上运动员保持充沛的体力和旺盛的斗志。

作为普通大学生参加篮球运动或篮球比赛，运动强度要大大小于专业篮球运动员，其有氧代谢供量比例会更大，一般达到 90%以上。因此，经常参加篮球运动可以有效提高肺泡通气量，提高呼吸效率，改善心血管系统机能，促进组织器官中氧化酶活性升高，增强利用氧的能力。

4）有氧代谢能力的测试

目前国内外学者们比较一致的观点是 12 分钟跑测试和 3 000 米（男）

或 2 400 米（女）测试能有效地评价有氧代谢能力，而且方法简单易行，便于操作。它既可以作为一种测试手段，同时也是一种科学有效的锻炼方法。因此，高校体育应该把长跑运动作为评价在校大学生有氧运动能力的重要指标，同时可以利用考试的导向作用，推动广大学生积极参加有氧代谢运动，提高心肺功能。

2. 篮球运动对肌肉力量的影响

1）篮球运动可以增强肌肉的绝对力量

经常参加篮球运动训练，可使骨骼肌组织增粗，力量增大。骨骼肌组织增粗的原因是与肌纤维增粗、肌原纤维增多和肌纤维数量增加有密切的关系。增加肌肉绝对力量（或称最大力量）的另一种途径是动员更多的运动单位。运动单位是指一个运动神经元（神经细胞）与它所支配的一组肌纤维（肌细胞）的总和。篮球运动是一项全身性的运动，运动强度有大有小，人体运动的幅度时大时小，这些都是在神经系统的支配下完成的。经常参加篮球运动，可使神经系统得到较好的适应与协调，逐渐降低或抵消机体的自身抑制机制，募集更多的肌纤维，动员更多的运动单位参与收缩，使相同的肌肉会产生更大的肌力。

2）篮球运动可以增强肌耐力

在日常生活和体育锻炼过程中，除了需要肌肉的绝对力量外，更多的是需要肌肉持续做功的能力，即肌耐力。肌纤维可分为快肌和慢肌两类，其中慢肌又叫红肌。红肌中含有较多的肌红蛋白，红肌发达的人，有氧耐力运动较好。篮球运动可以增强氧化酶的活性，从而引起红肌纤维增粗；还可以提高神经系统的调控能力、促进能量的节省化等。经常参加篮球运动，还可以使肌肉中三磷酸腺苷（简称 ATP）的含量增加，提高机体的供能量，促进肌肉中 CK 酶的活性提高，耐乳酸的能力增强，从而提高了有氧氧化能力，提高肌肉的耐力，延长肌肉工作的时间。

3）肌肉力量和肌耐力的测试指标

目前常用的测试指标有以下几种。

（1）蹲杠铃：两脚分开，与肩同宽，双肩负重杠铃，腰部挺直，双膝慢下蹲，至 90°左右，快速挺起（膝关节伸直），可连续进行。大重量杠铃主要反映下肢肌肉的绝对力量；中等重量杠铃，多次负重下蹲主要反映下肢肌耐力。

（2）卧推杠铃：仰卧在卧推架上，双手抓紧杠铃杆，双臂肘关节做曲伸（肘关节至 90°左右）动作。大重量杠铃是主要反映上肢肌肉的绝对力量；中小重量多次练习主要反映上肢肌耐力。

（3）握力：手握握力器，用最大力气握。它反映人的前臂和手部肌肉力的指标。握力与其他肌群的力量相关，是反映肌肉总体力量的一个很好指标。

（4）引体向上：引体向上是反映上肢力量有效的测试指标，同时也是一项锻炼上肢力量的有效练习方法，在锻炼过程中也能够磨炼人的意志品质。

（5）1 分钟仰卧起坐：仰卧起坐是反映腰腹肌力量和肌耐力的测试指标，测试过程比较安全，所以成为评价女大学生腰腹肌力量和耐力的常用指标。

（6）俯卧撑：俯卧撑是反映手臂力量、胸大肌、三角肌和腹肌力量与耐力的测试指标，也是锻炼上肢和胸腹肌肉力量的常见练习方法。简便易行，因地制宜，可广泛开展。

3. 篮球运动对身体柔韧性的影响

1）柔韧性素质的生理学基础

柔韧性素质是指人体关节活动幅度的大小，以及跨过关节的韧带、肌腱、肌肉、皮肤以及其他组织的弹性和伸展能力。

（1）关节活动幅度。它是指构成关节的骨骼在其关节结构内，做屈、伸、旋内、旋外和旋转的最大可能范围。关节活动幅度与关节解剖面的结构特点、关节周围组织的体积及跨过关节的肌肉、肌腱、韧带等软组织的生理状况有关。

（2）肌肉和韧带的伸展性。肌肉和韧带组织的伸展性不仅取决于性别和年龄特征，而且与中枢神经系统的兴奋性有关（肌肉的伸展性还与肌肉的温度有关）。因此，认真做好准备活动，提高肌肉的温度，降低肌肉内部的黏滞度，有利于提高肌肉的伸展性和柔韧性。

（3）神经系统对骨骼肌的调节能力。这种调节能力主要表现在改善主动肌与对抗肌之间的协调关系，以及肌肉收缩与舒张之间的协调关系。如果协调能力好，则可以减少由于对抗肌紧张而产生的阻力，有利于增大运动幅度。此外，肌肉放松也能扩大动作幅度。

2）柔韧性素质与体质健康之间的关系

经常参加篮球运动可以提高柔韧性素质，柔韧性素质与体质健康之间有一定的联系，主要表现在以下方面。

（1）改善柔韧性素质可以减少软组织损伤。经常参加篮球运动可以拉长肌肉韧带和结缔组织，一般不超过关节伸展的限度，并要有意识地放松对抗肌群，改善柔韧性。人体在剧烈活动前要与准备活动相结合，通过准备活动提高体温，降低肌肉黏滞性，提高其伸展性，从而减少运动损伤。

（2）柔韧性素质与腰腿痛有密切的关系。柔韧性通常被认为是体能的一种组成成分而非健康因素。一个健康人能够自由灵活地做出各种动作，必须要具备基本的柔韧性。腰腿疼痛性疾病是临床上常见的疾病，产生腰腿痛的原因很多，除少数患者为急性外伤引起外，大多数都是因慢性劳损、退变和柔韧性素质下降而引起的。当柔韧性素质下降，加上腰椎瞬间过度伸展或旋转时，可破坏腰部平衡，引起腰部肌肉、韧带、关节等组织损伤。因此，当我们行走、劳动、负重和体育锻炼时，要注意对腰部肌肉、韧带、椎间盘的保护，防止柔韧性素质的下降，减少腰腿痛的发生。

（3）柔韧性是反映人体老化的主要指标。柔韧性是身体素质之一，它反映了人体各关节最大活动的能力。中老年人由于生理老化而使关节、骨骼、肌肉和韧带都容易发生了退行性变化，功能减退，因而使机体的柔韧性变差，容易使人体活动功能下降。因此，柔韧性素质是反映人体老化的重要指标。

3）篮球运动可以改善身体的柔韧性

篮球运动中的跑、跳、投、传每一个动作，都需要全身的参与。运动员在场上的位置不同，对全身各关节柔韧性的要求也不相同。所以经常参加篮球运动可以有效改善身体的柔韧性。

在进行身体柔韧性练习时，可采用动力性和静力性拉伸练习方法，注意用力不宜过猛，以防伤害事故发生。在改善柔韧性练习时，还可以把动力性和静力性练习结合起来，把主动练习和被动练习结合起来，可收到更好的效果。柔韧性的测试方法目前主要采用坐位体前屈项目。

（三）篮球运动对身体运动素质的影响

身体运动素质是指与人的运动能力和竞技水平有密切关系的身体素质，它主要包括力量素质、速度素质、耐力素质、弹跳力素质和灵敏素质等。

1. 篮球运动可以提高力量和弹跳力素质

1）力量素质在篮球运动中的作用

力量素质是篮球运动员的首要素质。首先，篮球运动的各项技术动作都是建立在一定的力量素质条件下进行的；其次，篮球运动是一项紧张激烈、直接对抗的体育运动，在身体接触和碰撞过程中，力量素质经常起到关键作用。所以力量训练是篮球运动员身体训练的重要组成部分，是提高竞技水平的基础。

2）篮球运动能提高力量素质

篮球运动员在训练和比赛中经常要进行跑、跳、投、抢等进攻和防守动作，为了使自己跑得快、跳得高，运动员需要充分利用大肌群的力量。通过腿、臂、肩、背、腰，以及整个躯干各肌群有机的协调配合，才会产生最佳的做功效果。因此，经常参加篮球运动可以提高力量素质。

3）弹跳力素质在篮球运动中的重要作用

弹跳力素质是指通过下肢力量和全身协调用力，使人体迅速弹起腾空的能力。弹跳力素质是由力量素质和速度素质相结合派生出的一种综合性身体素质。它是篮球运动员重要的专项素质，它对争夺篮球场上的制空权，掌握篮球比赛的主动权，激发拼搏精神和鼓舞士气具有重要作用。

4）篮球运动能提高弹跳力素质

在篮球比赛中，运动员为了更好地完成各项任务，弹跳力成为不可缺少的一种素质。一场普通的篮球比赛，以双方投篮命中率为 40% 计算，双方将会出现近 100 次争夺篮板球的机会。争抢前后场篮板球，不仅可以增加进攻机会，减少对方的进攻次数，而且可以提高士气，振奋精神。篮球运动员为了适应比赛的需要，必须不断提高弹跳力素质。

5）发展力量和弹跳力素质的练习方法

首先，负重练习是发展力量和弹跳力素质的首选。负重练习可以是肩负杠铃做半蹲式或全蹲练习，也可以身穿加重背心或腿绑沙袋做深蹲跳或跳绳。其次，采用跳深练习也是发展下肢爆发力的好手段。跳深练习是指从一定高度（如跳箱）跳下，落地后即刻向前上方跳起的动作。它训练的是由被动缓冲的离心收缩，快速地转换成向心收缩的爆发力，在训练中应力求缩短转换时间。

2. 篮球运动可以提高速度和爆发力素质

1）篮球运动可以提高反应速度

反应速度是指人对各种刺激（如声、光、触等）快速应答的能力。这种能力取决于信号通过神经传导所需时间的长短，即机体的感受器官感受到刺激时，由神经元传入中枢神经，再由中枢神经发出指令，经运动神经元传出至肌肉，通过肌肉收缩产生运动。在这一连串的运动过程中又称为反应时。反应时长，则反应速度慢；反应时短，则反应速度快。篮球运动员在看到场上的各种变化时，迅速做出准确的判断，并做出相应的技术动作，这就是良好的反应速度。经常参加篮球运动可以提高感受器的敏感程度，缩短各种信号传导的时间，提高中枢神经系统的兴奋性，使反应时间缩短。

2）篮球运动可以加快位移速度

位移速度是指在周期性运动中及单位时间内人体快速位移距离的能力。位移速度是指通过肌肉系统快速活动形式在最短的单位时间内完成动作，例如，篮球运动员的攻防转换、运球上篮的速度、长传快攻的跑动速度等，都可使神经兴奋与抑制过程的灵活性提高、转换能力增强、双脚频率增快、位移速度加快。当兴奋强度大、传递速度快、协调性能好时，动作速度也必然快。此外，动作速度的快慢还与人体的准备状态、力量大小、速度耐力水平和动作熟练程度有关。

3）篮球运动可以加快动速度和提高爆发力素质

篮球场上的突然起动、堵、截、抢断、快攻和投篮等都需要起动速度，往往起动瞬间的快慢就决定了后面动作的成败。篮球运动员通过各种快速、灵活和突变的脚步动作，使身体的位置、方向和速度发生变化，达到进攻时摆脱防守，防守时防住对手，所以经常参加篮球锻炼可以提高起动速度。

爆发力素质与速度素质和力量素质有非常密切的关系。影响爆发力素质发展的主要因素，一是神经过程的强度和速度。神经过程强度愈强，神经系统向肌肉发放的冲动和频率愈强，肌肉被动用的运动单位数量愈多，产生的力量就会愈大。二是白肌纤维的数量与比例。白肌纤维具有直径大收缩速度快、收缩力量强的特点，是爆发力素质的主要物质基础。所以如果白肌纤维比例大、数量多，它所表现出的爆发力水平就高。白肌纤维的数量和比例与遗传因素有密切关系。

3. 篮球运动可以提高耐力素质

1）速度耐力素质在篮球运动中的重要作用

速度耐力是指在大强度运动中持续工作的能力。篮球比赛40分钟，攻防节奏不断变化,运动员要在强度大、变化多、对抗性强的状态下进行时间与空间、速度与高度的争夺。每个回合的跑、跳、投、抢等快速动作绝大多数都是在无氧状态下进行,所以篮球运动员需要良好的无氧代谢能力。由于篮球比赛中经常会出现球出界、违例、犯规、暂停和换人等现象,短暂的调整期为运动员提供了减少"氧债"的时机,所以从整场篮球比赛过程看,运动员的有氧代谢运动占主体。因此,篮球运动是一项既需要速度素质又需要耐力素质的高强度和高对抗的运动。

2)篮球运动可以提高速度耐力素质

篮球比赛是一项长时间高、中、低强度,重复交替进行的非周期性运动项目,其运动形式和能量供应特点与周期性运动项目有很大的差别。运动员需要具备长时间反复进行短距离和高强度的运动能力。长时间是指比赛的总时间长,一般是每天一场比赛,连续数日;短距离和高强度的运动是指各种急起、急停、滑步与跳跃等脚步动作,这些动作往往距离短,但都属于爆发式的极限强度运动;反复是指上述极限强度运动在一场比赛中需要重复100多次。所以经常参加篮球运动能提高速度耐力素质。

3)一般耐力素质在篮球运动中的重要作用

研究发现,篮球比赛中运动员有氧供能平均占70%~80%,无氧供能平均占20%~30%。一场篮球比赛,运动员跑动的距离在5 000~7 000米,比赛时间长,高、中、低强度反复交替进行。因此篮球运动员的供能方式是有氧代谢为主、无氧代谢为辅。这就要求篮球运动员具备良好的一般耐力素质,以及耐乳酸的能力。

4)篮球运动可以提高一般耐力素质

经常参加篮球运动能使机体有氧氧化能力明显提高,血乳酸清除能力加快,机体对血乳酸的耐受力得到提高。现代医学证明,长期参加篮球运动训练可以促使人体心血管系统的形态、机能和调节能力产生良好的适应;呼吸系统的功能得到明显改善,从而提高人体的工作能力。运动实践证明,经常参加篮球运动有利于发展一般耐力素质。

4. 篮球运动可以提高灵敏素质

1)灵敏素质的含义

灵敏素质是指人体在各种复杂、突变的情况下,快速、准确、协调和灵活地完成动作的能力。灵敏素质是运动技能和各种身体素质在运动中的综合表现，是一种综合性身体素质。它有助于掌握和运用各种复杂的技术和战术，提高应变能力，是篮球运动进入较高水平时必须具备的一项身体素质。

2）灵敏素质在篮球运动中的重要作用

灵敏素质是建立在各种运动素质基础上，它涉及各种素质的发展敏感期，所以发展灵敏素质要通过各种有关素质的良好发展，建立雄厚的运动技能储备，再经过综合发展，运用到篮球运动技能中，从而适应篮球运动所具有的快速反应、及时应变、动作敏捷等特点，并提高篮球比赛的对抗性和可观赏性。同时，经常参加篮球运动，使运动员经常处在快速复杂和多变的环境中进行锻炼，促进运动员不断适应这种快速多变的对抗性运动，这样就会提高人体的灵敏素质。

5. 篮球运动可以提高柔韧性

1）柔韧性的含义

柔韧性是指人的各个关节的活动幅度、肌肉和韧带的伸展能力。柔韧性好坏关系到运动员灵活性的高低，同时也是影响运动员伤病率的主要因素之一。篮球运动综合性强，身体各个部位和关节往往需要进行大幅度伸展和急速地收缩变化，要求关节韧带既要被拉长又要有很好的弹性，特别是手指、手腕、肩、腰、踝和腿部的柔韧性。

2）柔韧性在篮球中的重要作用

篮球运动是集刚柔于一体的运动，柔韧性就是篮球之柔的体现，就像橡皮筋一样既能很大的舒展又能迅速得回弹，篮球场上的舒展美是柔韧性的最好体现，变向的幅度、投篮的手指手腕灵活、扣篮和盖帽时候身体的充分舒展、空中的躲闪等都需要良好的柔韧性，同时优秀运动员在出现被动的反关节动作和过度伸展时不容易出现扭伤和拉伤的情况也是良好柔韧性的保护。

长期从事篮球运动可以有效地增加人的关节韧带和肌肉的柔韧性，主要益处在于可以较有效地保护肌肉和关节避免受到伤害，并且增加关节的灵活性。

总之，从篮球运动对运动员身体素质的各项要求并结合一些实际案例，我们反推出了长期从事篮球运动能够很好地促进人的骨骼和肌肉生长，以及心血管功能和各项身体机能的提高，对于人的身体素质是有综合性提高价值的。

第二节 篮球运动对大学生智力思维的影响

一、提升学生的智力水平

古希腊格言说:"如果你想强壮,跑步吧!如果你想健美,跑步吧!如果你想聪明,跑步吧!"著名教育家斯宾塞说:"身体既是心智的基础,发展心智不能使身体吃亏。"可见体育锻炼对于人智力的积极影响是得到公认的。传统体育认知出现过认为体育项目是纯粹的身体表现,与人的智力和精神状态无关,体育人也长时间被误解为"四肢发达头脑简单"的形象。这类观点在现代体育发展不断成熟的过程中已经被认为是极为错误的,很多体育项目尤其是团体类项目例如足球、篮球、排球等都对参与者的智商有较高的要求。反之,从事体育锻炼到底是会降低还是提高智力水平或者没有影响等问题也被现代科学研究者不断深入研究,大量的研究也表明了适当的体育锻炼是有助于智力发展的。

篮球运动作为体育运动中趣味性最强复杂性最高的项目之一对于球员的智力水平一直有着较高的要求,2009 年,全美著名智商研究网站"IQ 测试网"曾经对 NBA 球员的智商进行了测试,姚明的智商高达 132,而奥尼尔的数值是 131,科比、詹姆斯、凯文·加内特则分别是 128、126 和 126,这些都是联盟公认的篮球智商比较高的球员,普通人智商范围则在 80~120 之间,而且测试也显示很多优秀篮球运动员都拥有较高的智商指数,可以看出较高智商是成为一名优秀篮球运动员必备条件,这也是篮球运动本质要求的体现。

这里即是结合"多元智力理论"和篮球运动的本质规律来分析从事篮球运动对于学生智力发展的影响。

(一)多元智力理论

多元智力理论又叫"多元智能理论"。传统的智力理论认为人类的认知是一元的,个体的智能是单一的、可量化的,而美国教育家、心理学家霍华德·加德纳在 1983 年出版的《智力的结构》一书中提出"智力是在某种社会或文化环境或文化环境的价值标准下,个体用以解决自己遇到的真正的难题或生产及创造出有效产品所需要的能力"。每个人都至少具备语言智力、数理逻辑智力、音乐智力、空间智力、身体智力、人际交往智力和自我认知智力，后来，加德纳又添加了自然主义智力和存在主义智力。这一理论被称为多元智力理论（Multiple Intelligences）。

多元智力理论的基本性质就是多元化，认为智力不是一种而是一组能力的组合体；其基本结构也是多元的，各种能力之间是相对独立的而不是以整体的形式出现，而每项能力的促进方式也是各不相同。主要包括了：言语-语言智力（verbal-linguistic intelligence）、音乐-节奏智力（musical-rhythmic intelligence）、逻辑-数理智力（logical-mathematical intelligence）、视觉-空间智力（visual-spatial intelligence）、身体-动觉智力（bodily-kinesthetic intelligence）、自知-自省智力（self-questioning intelligence）、交往-交流智力（interpersonal intelligence）、自然观察智力（naturalist intelligence）和存在智力（existential intelligence）。

理论上说，任何人都有上述的 9 种智力，也就是基本智力，而这些基本智力之间的组合结构也是每个人智力差异的体现，在教育过程中为了促进智力的发展也可以从整体或者针对性的教育和训练来进行。

（二）篮球运动对智力发展影响

篮球运动复杂多变，涉猎广泛，包括了体育、艺术、科学、经济等多个领域，下面就分别分析从事篮球运动对于 9 种基本智力发展的影响。

1. 言语-语言智力

言语-语言智力是指人进行语言和文字表达和交流能力，如演讲、写作、辩论等，多见于演讲家、作家、记者、政治领袖等。篮球运动相对于田径、网球等单项或者单纯比快比远的体育项目对于运动员的交流能力有较高的要求。队员之间在场上互相通过语言交流进行协调，教练员通过讲述战术思想为队员安排战术，运动员在学习技战术时也需要教练员通过语言描述来明白技战术的要领和精髓，比赛中队员甚至会用语言刺激如"垃圾话"来影响对手的心理状态，观众和主持人也会通过语言刺激和呐喊来鼓舞己方士气和打乱对方节奏等。但是这种语言表达相对简单直白，缺乏艺术性和美感，常见于术语和基本词汇，不讲究语法规则和技巧，甚至略显"粗鲁"。所以篮球运动对于人的语言智力发展应是见效于细节表达和精准性、逻辑性表达，而对于语言艺术和技巧应该没有过多影响，对于写作能力更是缺乏，涉及层面较浅，总体来说对于用语言智力的发展影响有限。

2. 音乐-节奏智力

音乐-节奏智力指的是人对于音乐的辨别、感受、改变、记忆和表达的能力，常见于歌唱家、作曲家、演奏家等。现代篮球虽然融入了美国黑人街头篮球文化，有了音乐的元素尤其是节奏感很强的 RAP 等音乐形式，在比赛中也会进行音乐的播放来提升士气或者干扰节奏等，但是音乐并不存在于篮球运动的本质规律里面，更多的是为了增加娱乐性而加入的元素，两者间并没有必然的联系，所以从事篮球运动并不能对于人的音乐智力有明显提升的效果。

3. 逻辑-数理智力

逻辑-数理智力是指运算和推理的能力，表现在对于事物之间的联系、发展规律、各种关系的类比、因果和逻辑关系之间的敏感程度。这类能力最多见于各种物理学家、数学家等各种理工科人才，但同时在侦探、律师、军事家、管理者等行业也有较高体现。篮球比赛就好像一场战役，双方为了胜利斗智斗勇，教练员需要随时分析和把控场上局势及时做出人员和战术调整，队员在场上需要随机应变考虑如何去实施战术和应对突发情况。这期间需要分析大量的数据和资料，比如赛前对对手的阵容打法特点进行分析制定预计方案，场上对于突发状况要选择最合理的处理方式等，这些行动都需要很强的逻辑思考能力来支撑，才能保证在比赛中甚至整个赛季占据有利形势。所以说，从事篮球活动是有利于人的逻辑性发展的，并且在竞争中还能不断地提高，效果应该是比较显著的。

4. 视觉-空间智力

视觉-空间智力是指感受、辨别、记忆和改变物体的空间关系借此表达情感的能力，表现在对于线条、颜色、形状、结构和空间的敏感性。常见于画家、雕塑家、建筑师、航海家、军事战略家等。篮球运动是具备一定的空间性的，而且这也是篮球战术的根本所在，就是通过跑动、传球和掩护等动作和配合寻找到使球可以进入篮筐的空间和机会，包括了地面和空中空间。比赛场上就是双方队员的攻防大战，进攻方不断寻找和创造空间进行投篮，而防守方就想方设法限制空间保护篮筐，所谓的投篮机会就是对于防守方防守阵型的击破，也就是通常所说的"撕破对方的防守阵型"。战术和比赛中常说的如何去利用比赛场上的空间就是最好的证明篮球运动与空间智力的紧密联系。长期从事篮球运动必然会增加人们对于空间的理解和感受，对于空间智力有一定提升作用的。

5. 身体-动觉智力

身体-动觉智力就是对于身体的控制能力。常见于运动员、舞蹈家、外科医生等。篮球运动本身就是体育运动，对于人们的身体直立必然是有极大促进作用的，而且是非常全面的促进作用。

6. 自知-自省智力

自知-自省智力指认识洞察和反省自身的能力，表现为能够正确认识自身行为动机、情感、欲望等，并且可以正确的建立自尊、自律和自制的能力，常见于哲学家和思想家等。篮球运动员需要对自身的技战术能力有充分的了解才能，并且要明白打球和比赛的目的所在，这样才能调节自身比赛状态和技术发挥。每一次攻防、每一场比赛结束后都需要进行反思和总结，好则取之，坏则改之，这样才能不断进步保持竞技状态，而对打球和比赛目的的情形认识则决定着运动员的比赛积极性。所以自知、自省是始终贯穿于篮球运动的训练和比赛中的，长期从事对于人的自知自省智力是有很好的推动作用的。

7. 交往-交流智力

交往-交流智力是指人与人之间的相处、交往能力，表现为察觉、体验他人情绪并作出适当反应的能力，也就是情商，这种智力在主持人、政治家、教师、公关人员等身上有较突出的表现。区别于语言之力，交流智力强调了两人或者更多人的沟通，尤其是直接的沟通，这和篮球运动是紧密相连的。篮球是团体性项目，有团体就要有配合，有配合就要有交流，队友之间的交流程度决定着默契性的高低，团队之间的有效交流可以有效地提高团队向心力和凝聚力，这对于一支球队是非常重要的。篮球从业者要始终处于各种交流之中，教练和队员、队员和队员、首发和首发、首发和替补、队员和管理者、教练和管理者、队员和记者等，长时间的经历下必然会对人的交流智力有很大的提升作用。

8. 自然观察智力

自然观察智力是指认识世界、适应世界的能力，是一种在自然世界里辨别差异的能力，如植物区系和动物区系、地质特征和气候。对我们自己身处的这个大自然环境的规律认知，如历史，人体构造，季节变化，方向的确立,磁极的存在,感知灵性空间的超自然科学能力,能适应不同环境的生存能力。篮球运动是一种社会活动,并且是相对狭隘的社会活动,结构比较单一,并且和自然环境的关系不大,所以基本上对于人的自然观察智力没有太大影响力。

9. 存在智力

存在智力是指陈述、思考有关生与死和终极世界的倾向性,即人们的生存方式及其潜在的能力。如人为何要到地球上来,在人类出现之前,地球是怎样的,在另外的星球上生命是怎样的,以及动物之间是否能相互理解等。这类智力的发展基本上和篮球运动没有任何关系。

篮球运动对于人智力水平的提升能力可以按照影响力的大小分为3个层次,第一层是身体智力、交流智力和自知自省智力等,这些智力始终贯穿于篮球活动中并且关系密切,所以对其有较大的提升价值;第二层是语言智力、逻辑智力和空间智力,这些智力与篮球运动的关系处于交错状态,篮球运动只对这些智力的一部分有影响,并且不是贯穿始终,所以影响力适中,提升能力较弱;第三层是音乐智力、自然观察智力和存在智力,这类智力和篮球运动的关系甚微,从事篮球运动对其并没有直接的影响作用。

二、提高学生思维能力

卢梭曾说过:"散步促进我的思想。我的身体必须不断运动,脑筋才会开动起来。"可见适度的运动可以促进大脑思维的运转。

思维是指人用头脑进行逻辑推导的属性、能力和过程。思维能力是通过分析、综合、概括、抽象、比较、具体化和系统化等一系列过程,对感性材料进行加工并转化为理性认识及解决问题的能力,包括理解力、分析力、综合力、比较力、概括力、抽象力、推理力、论证力、判断力等能力。思维的发展受到身体和大脑的多方面影响。体育运动曾被误解为"纯粹的身体活动和机械的动作",很多年来被认为与大脑思维关系微细甚至无关,随着现代体育的发展研究证明,体育运动是身体和大脑的有效结合,任何技巧都需要大脑的参与和支配,而且从事体育运动也可以对于大脑的思维能力有一定的提升,尤其是团体运动的发展和战术的增多更是对运动员的思维能力要求大大增加。篮球运动技术繁多,战术变化莫测,更是有诸多规则限制和约束,运动员在场上随之都要保持大脑的高速运转,对多方位全角度传来的信息进行思考和分析，结合自身能力和知识进行瞬间判断，长期从事篮球运动对于学生的思维发展是很有帮助的。以下将分别分析篮球技术和战术方面对思维能力的提升效果和体现。

（一）学习和使用篮球技术对思维能力提升的体现

篮球技术看似简单实则复杂，每一个技术都由很多的环节组成，每个环节都有其独特的要求和方法。比如单手肩上投篮技术，这是篮球技术中最基本也是最常用的技术之一，学生在学习这项技术的时候要了解这是一项得分技术，动作组成结构复杂，场上运用情况多变，要学习和运用好这项技术就需要球员具有一定的思维能力。

首先，球员需要对于这项技术有充分的理解，了解此项技术的构成要素、关键动作、使用方法和情况等。单手肩上投篮技术由蹬地技巧、持球技巧、发力技巧、推球技巧、压腕拨指技巧等多方面组成，其中关键动作在于压腕拨指。那么球员在学习过程中需要理解为什么有这么多技巧，每一个技巧又发挥着什么样的作用，为什么压腕拨指是其中的关键技巧等，只有对这些都进行了充分的理解，球员才能准确的学习训练每一个技术点，从而尽可能完美化这项技术。而在练习技术中球员需要不断比较自身优质和劣质动作以及自己和别人动作的区别，来发现自己动作的不足、缺陷和错误加以改正。

其次，球员需要分析场上情况，通过对防守人和自身的位置来判断是否该使用这项技术，如何针对不同位置调整自己的投篮动作和力量，比如距离篮筐不同距离需要的发力程度和投篮角度都有不同的要求，投空心篮和投打板篮多手型的要求就有区别等。球员往往需要在短时间内观察到场上情况并且综合分析出结果然后再做出最优质的判断。

单手肩上投篮是篮球技术中最基本的技术之一，其学习和运动就如此复杂，需要球员大脑思维的理解力、分析力、综合力和判断力等诸多能力的参与。篮球技术种类繁多，在长期学习众多技术以及根据场上复杂情况短时间内判断该用哪项技术和如何使用的过程中，球员的思维能力不停地得到锻炼，对于其思维发展是十分有利的。

（二）学习和使用篮球战术对思维能力提升的体现

"两三个人的叫配合，五个人参与的才叫战术"，这句话就体现了篮球战术的复杂性，相比于篮球技术的学习和运用对于思维能力的要求和锻炼高了不止一筹。技术是战术实施的保证也是基础，优秀篮球运动员在具备了学习运动技术的思维能力基础上才可以进一步对战术进行理解运用。

学习战术首先要分析和理解战术，一项最基本的进攻战术也要由落位、跑动、传接球、掩护、突破、攻篮等方面组成。球员在对既定战术进行分析后进行深刻理解，明白战术的最终目的和基本运转方式，首先有了理论基础然后进行具体演练，从而巩固和加深对战术的理解和记忆。而更加复杂的战术则会假设对手的防守情况，根据想象和推理来做出诸多的应变准备，同样战术体系内如出现了错位防守、掩护失败、传球时机错误、防守队员就位意外等情况，在对这些进行尽可能地充分考虑后学习的战术就会呈现一种有一定的宗旨但是变化很多的状态，对于球员的理解分析能力要求就更高。

而最需要球员强大思维能力支撑的无疑是战术的运用，篮球比赛变化莫测，教练员只能直线安排战术，但是无法直接参与，球员带着安排好的战术比赛却要根据场上情况自己做出判断。场上任何一个队员无论是否持球在进行战术运转时都可能遇到意外变化，而在此时就需要球员根据自己对于场上情况的综合分析和自身经验进行瞬间的判断如何完成战术运转或者是否需要改变战术。进行篮球运动就需要对篮球战术不断地学习和运动，面对复杂的战术学习和场上情况，球员需要不断地进行思维能力的锻炼和提升，以便更好地理解战术、更多地记忆战术、更迅速地分析情况以及更准确地做出判断等，从而不断提升其思维能力。

思维能力是学生时代应着重培养的主要能力之一，相比于文化课的学习和传统教育模式对于学生思维能力的培养作用，篮球运动显得更为实用化，无论是技战术的学习和运用还是篮球比赛都使得学生身体和大脑相结合，对其思维能力进行独特的提升以及开辟一条特殊的路线方式，尤其对学生的观察分析力、想象力和判断力有着特殊的提升作用。

第三节 篮球运动对大学生心理健康的影响

当今社会竞争越来越激烈，人们面临的心理压力呈现出复杂化和多样化趋势。未来世界的竞争主要是人才的竞争，新时代的大学生不仅要有良好的体质、扎实的专业素质，还要注重培养良好的心理素质与个性心理，以适应社会快速发展的需要。在这方面篮球运动会起到特殊作用。

一、篮球运动有助于创造良好的情绪体验

情绪状态是衡量体育锻炼对心理健康影响的最主要的指标。人生活在错综复杂的社会中，经常会产生忧愁、紧张、压抑等情绪反应。篮球运动可以转移个体不愉快的意识、情绪和行为，不仅可以使人摆脱烦恼和痛苦，而且能够给人带来快乐和成功感。

（一）篮球运动有助于体验身体运动带来的快感

篮球运动是一项高强度、高密度的对抗性体验运动，运动员在跑、跳、投、抢过程中不仅会消耗大量的能量，而且在激烈的运动中能体验到身体运动时的快感。我们经常会看到很多青少年篮球运动爱好者，他们自发地聚集在篮球场上，久久不愿离开，最后尽管每个人都是拼得筋疲力尽，大汗淋漓，但都会感到兴奋和愉快。这种兴奋和愉快就是通过身体剧烈运动，特别是经历激烈的身体接触与碰撞的刺激；通过合法的途径，尽情地释放出人类攻击性的本能，在这个过程中所激发出的极度兴奋性，使运动员或参与者会忘记疲劳，忘记伤痛，忘记一切烦心事，完全陶醉在兴奋和快乐之中。只有经历过这种运动体验的人，才能真正享受到身体对抗运动时带来的情绪体验。

（二）篮球运动有助于体验成功和成就感

篮球比赛过程中，运动员不论是进攻或防守，他们都是通过自己的身体素质、运用技巧战术和心理素质与对手较量。在篮球运动的对抗中，运动员通过娴熟的运球、果断的突破、巧妙的传球、准确的投篮，或突然的抢断、默契的夹击、严密的封盖，在篮球规则允许的范围内攻击对手，或摆脱对手，直至战胜对手，取得胜利。这种成功可以是全队取得比赛的最后胜利，也可以是全队打出了风格、打出了水平，还可以是个体本身的自我超越，它们都能够使运动者能充分体验到"尖峰时刻"带来的成功和喜悦，还有自信和成就感。这种成功的体验往往使人终生难忘，它不仅可以丰富人们的生活内容，提高生活质量，而且能够影响青年人的学习和工作态度。

（三）篮球运动有助于体验人际交流时的愉悦感

人际交流是指社会活动中，指人与人之间进行信息交流和情感沟通的联系过程。篮球运动是一项集体运动，参与者之间不仅仅是简单的接触与

交往，还能够增强人与人之间接触和交往的机会。例如，队友们在对待传球的时机和方式、投篮的位置和机会、掩护配合的时机和卡位、夹击的位置和默契等问题时，必须进行交流。这种交流是篮球运动中所特有的交流形式，它会逐步转化成队友之间的人际交流和社会交流。这种交流可以不受运动者身份（职业、职务、信仰、民族和年龄等）的影响，交流形式非常自然。通过队友之间的自然交流，有利于相互之间的进一步沟通，协调人际关系，联络感情，愉悦身心，增加群体的认同感。因此，篮球运动有助于体验人际交流的愉悦感。

二、篮球运动有助于减轻不良的焦虑状态

焦虑是一种对当前或未来的威胁所产生的恐惧和不安而形成的消极情绪状态。这种消极情绪状态持续时间长，会给人带来很大的痛苦。

（一）篮球运动有助于疏导不良的情绪状态

在人体中枢神经系统中存在一种"优势兴奋灶"的现象，即某一中枢受到较强的刺激时，就会在相应区域形成一个兴奋灶。当这个兴奋中心的兴奋水平强于周围的兴奋点时，它不但可以"吸引"周围中枢扩散而来的兴奋点，提高其兴奋中心的兴奋水平，而且还能对邻近的中枢产生抑制作用。例如，我们在全神贯注思考某一问题时，会出现"视而不见，听而未闻"的现象。这说明某一中枢高度的兴奋，形成了强烈的"优势兴奋灶"，它抑制了相应的视、听中枢。目前许多大学生常会因为相互间的竞争、情感方面的失控、学习或家庭方面的巨大心理压力等因素，产生持续的焦虑。当其他心理辅导措施都难以奏效时，体育锻炼可以有效减轻焦虑症状。因为身体运动会在运动中枢形成强烈的"优势兴奋灶"，它的兴奋水平要明显高于其他任何兴奋中心。所以这个"优势兴奋灶"会对其他中枢产生抑制，降低了其他兴奋灶的兴奋水平（这是一种保护性抑制），这就是体育运动可以消除心理疲劳和不良情绪状态的生理机制。通过参加篮球运动，不仅有助于宣泄运动者消极的心理能量，形成"优势兴奋灶"，而且通过篮球运动所特有的交流形式，经过自然的沟通，可以增进理解，疏导不良的情绪状态，缓解焦虑和抑郁症状。

（二）篮球运动有助于调节紧张的人际关系

人际交往是一种以个人为对象，彼此联络感情，协调关系，寻求心理

需要满足的活动方式和活动过程。复杂的人类社会是人际关系的网络系统，人际交往是将个人与个人、个人与群体联结成社会网络必不可少的纽带。正常的人际交往可以获得他人的支持和帮助，可以减轻失望的痛苦和悲伤。所以不断提高个人的人际交往能力是培养健康心理的有效途径。

由于篮球运动是集体运动项目，它具有明显的团队协作性特点，使参与者在全队训练与比赛过程中必须要进行各种形式的沟通（包括语言、手势和表情等）。这就为大学生参加篮球运动，提供了队友之间自然接触、自然交流的机会。通过进一步沟通，不仅可以增进理解，促进相互信任、相互鼓励，调节情绪，振奋精神，增加愉悦感，而且这种积极的情绪状态可以使人自信、自尊、自豪、自强，并使烦恼、焦虑、抑郁、自卑等不良情绪得以缓解甚至是解除。因此，经常参加篮球运动，有利于青年人心胸开阔，融洽人际关系，提高幸福指数，培养良好的心境。

三、篮球运动有助于塑造健全的人格精神

健全的人格精神是指包括能力、气质、性格和理想、信念、动机、兴趣、人生观等各方面能够协调与平衡发展，人格作为人的整体精神面貌能够完整、协调、和谐地表现出来。

（一）篮球运动有助于完善个性心理特征

所谓个性心理特征是指个体身上经常地、稳定地表现出来的心理特点，主要包括能力、气质和性格。篮球运动从宏观上看是群体的竞争，从微观上看又是群体中个体之间的身体冲突和技巧智能的直接对抗。篮球运动中的每一个环节，都要求个体在充分发挥自身特点和水平的基础上，构成整体实力，或者说群体的默契配合依赖于个体的技巧和智能的充分发挥。篮球运动复杂多变，每一个瞬间都要求个体必须做出正确的观察判断，独立果断地选择个人战术行动。这些特点表明，艰难中需要勇气，常态下需要创新，只有个人能力强，气质和性格健全，个性鲜明和人格独立的人，才敢于冒险和创新，才有可能在复杂困难的条件下坚持与强有力的对手进行顽强的对抗，并取得比赛的最终胜利。因此，篮球运动有助于实现个性心理特征的自由发展。

（二）篮球运动有助于提高抗挫折的能力

一般来说，篮球比赛每次进攻的成功率为30%～40%，也就是说，由于

失误和投篮不中等原因,有 60%~70%的可能是进攻失败。防守也是一样,总是面对着成功与失败,往往又是失败多于成功。篮球运动员在训练和比赛的过程中,就是这样经历着"进攻-失败-再进攻-再失败-积极拼抢-再进攻"这样一次又一次的失败,每天面对着来自体能、技战术和心理等方面的挫折,而这种挫折和失败往往都是暴露在大庭广众之下,表现在各类观众面前的,其心理压力可想而知。正是在这反反复复挫折与失败的情景教育中,运动员不断磨炼自己,屡败屡战,总结经验,不断进取。通过一次又一次的挫折,不断提高自己抵抗失败打击的心理承受能力。在我们小中大学的 10 多年正规教育过程中,没有哪一门课程是专门有意识地针对学生进行抗挫折的情景教育,使得我们在遇到挫折时,往往会被困难所击垮。但是通过篮球运动可以锻炼人们胜不骄,败不馁,勇猛顽强,坚韧不拔,吃苦耐劳的意志品质;可以培养青年人的主动性、果断性、控制力、坚持力和创造力,这都是现代人人格精神的内涵,是激烈的社会竞争中必须具备的基本素质。

(三)篮球运动有助于改善人的精神面貌

参加篮球运动可以培养大学生充沛的体力和精力,良好的心理承受能力,公平的竞争意识,广泛的社会交往能力,以饱满的精神面貌去应对学习和生活中的困难。参加篮球运动可以培养大学生团结互助、顽强拼搏、乐于奉献、积极进取的优良品质。我们经常会看到大学校园内各种班级篮球赛、年级篮球赛、新生篮球赛、友谊赛、对抗赛、院系篮球赛、学校篮球联赛等不同形式与不同层次的篮球比赛。参加这样的篮球比赛,不仅是大学生身体和技能的较量,也是智慧、意志和协作精神等综合素质的竞争,同时也是学生个体之间、团体之间相互学习、彼此沟通的场所。篮球场上大学生们表现出来的克服困难、勇于创新的精神,科学、文明和健康的生活态度,以及热爱美、表现美和追求美的情感与能力,都是当代大学生精神面貌中所应有的基本内容。

第四节 篮球运动对大学生审美能力的影响

著名教育学家席勒·斯宾塞认为审美活动起源于游戏,"审美活动起源于人类所具有的游戏本能,一方面是由于人类具有过剩的精力,另一方面是人将这种过剩的精力运用到没有实际效用、没有功利目的的活动中，体现为一种自由的游戏"，这一理论可以把审美和体育结合在了一起，体育这种"游戏"也可以理解为一种审美活动，自然进行体育活动对于人的审美能力是有影响的。审美能力是现代人的重要文明素质之一，这里的美并不单单指形态美，还包括了思想美、道德美、社会美、真善美等很多方面，每个人的审美能力和视角是和其实践经验密不可分的，同时又受到教育、社会、家庭、政治等多方面的影响和制约。学生的审美能力是指学生对身边的艺术品和生活中美的事物的外在形式、结构和内在情感、意蕴的感知、想象、理解等多种心理功能有机结合而成的一种能力。

一、审美能力的价值和意义

审美能力对于学生群体非常重要。学生群体主要由儿童和青少年组成，这一群体人的心理和智商都处于发展阶段，其对于各种信息的接受能力也极强，但是相对的是其是非观和分析判断力极容易受到影响（无论是否正确），所以在学生阶段使用多种手段对其审美能力进行正确引导和提高可以有效地帮助其建立正确积极的人生观、价值观和道德标准。

体育作为人类最伟大的社会发明之一，其美学特征也是十分明显的，主要就是体现了人类本身的自然美，而且随着现代体育的发展更是体现出了道德美、社会美等多重美的组合。篮球运动集合了体育项目的基本特征，并且是当今世界最受欢迎的体育项目之一，其无论是运动项目本身或者以此为基础的社会效应和活动都为人们带来很多美的享受。

二、篮球运动美学内容

篮球运动不是简单的健身游戏，而是已经融入多种学科的综合项目，现代篮球比赛更是一个以篮球竞赛为平台的大型娱乐活动。以当今篮球最高水平体现的职业联赛 NBA 为例，其在带给观众篮球本身的视觉享受的同时还包括了如啦啦队、篮球游戏、赛场气氛、场地装饰、赛场文化、周边产品等多方面多维度的美的感受，让观众在观看篮球比赛的同时又可以体验众多的娱乐和魅力。以下就逐条分析篮球运动所包含的美学内容。

（一）篮球运动的身体之美

人类从古至今都对于身体美有着特殊的情怀，高大的身躯、健壮的体格、修长的四肢等都深受艺术家的青睐，如著名的雕塑"掷铁饼者""大卫"等，都体现了人们对于匀称身材的美感赞同和追求。人们认为通过自己的锻炼对身体进行改造，不断激发身体的潜能是一项伟大而富有美感的行为。

篮球运动对于球员的身体有诸多要求，但是却没有太多限制。篮球场上有力量型的、速度型的、弹跳型的、灵活型的等各种身体类型的球员。肌肉之间的碰撞、风驰电掣的速度、游走在缝隙中的灵活、暴起的扣篮、柔和的投篮等这一切的动作都把人类身体的美感表达得淋漓尽致，让观众欣赏到近乎完美的身体素质和形态。当年叱咤 NBA 的超级中锋"大鲨鱼"奥尼尔就是力量的杰出代表，2 米 10 多的身高，巨大的体型和强大的力量使其在篮下近乎无人能敌。他利用力量的绝对优势来弥补速度和灵活型的不足，扣碎篮板、拉倒篮架、隔扣对手等令人"闻风丧胆"的表现，诠释了力量的霸气；与之相对的有号称"答案"的艾伦艾弗森，身高只有 1 米 83，身材瘦小，但是凭借超强的灵动性屡次摘得 NBA 得分王的称号，并且成为世界一流球员，用神出鬼没来形容他的突破能力尚不为过，曾有研究发现其在突破变相时脚踝角度甚至达到了近乎 90°，完美地诠释了"小、快、灵"。

抗拒地球引力一直是人类的梦想，滞空能力是篮球运动的独特的身体指标之一，其给人的视觉冲击也是极大的，空接扣篮和空中闪躲投篮时最能体现这一美感。球员高高跳起接球然后重重砸进篮筐和在空中收腹转体躲开防守人寻找投篮空隙的过程中虽然只有短短几秒甚至不到 1 秒，但是给人的感觉就像时间静止了一般，好像在那一瞬间地球的引力对他不起作用了一样，这种梦幻般的感觉往往能够让观众如痴如醉，瞬间点燃热情，这也是为什么篮球扣将总能受到人们的追捧。人称"UFO"的文斯卡特被誉为人类历史上最优秀的扣篮选手，他不仅跳得高而且滞空能力强，创造过许多匪夷所思的扣篮，其中代表作之一就是奥运会上飞跃对手 2 米 10 中锋的惊天一扣被人们津津乐道经久不衰。

如上这些都可以说明了篮球运动所体现出来的身体美感，对于身体美有着完美的诠释，人们在参与和观看篮球运动的同时可以大大满足自身对于身体审美的需求，而且可以促使其产生通过锻炼去具备同样美好身体的欲望，对其身体审美能力有一个正确的导向作用。

（二）篮球运动的技术之美

人对于一项技能十分熟练，能够使用的得心应手达到一种"人技合一"的状态时，这项技术就不单单是一个工具而是使用者的本能了，那种天人合一的带给人的美学享受是无与伦比的。篮球技术运用到一定层次就可以称之为艺术了，掌握熟练技术的篮球运动员与其说是在使用技术不如说是在表演。在他手里篮球已经不单单是一个物体而是他身体的一部分，这也是篮球运动被称为艺术运动的主要原因，而且美感体现主要有以下几个方面。

第一，篮球技术丰富之美。篮球技术动作多种多样，从进攻到防守，从一号位到五号位所具备的技术各不相同，单单进攻技术里的一个投篮技术就有单手肩上投篮、低手上篮、高手上篮、抛射投篮、打板投篮、空心投篮、扣篮等诸多分支，而且各个技术动作之间又可以相互组合成为组合技术，优秀的运动员可以熟练掌握更多的技术并在比赛场上根据不同情况进行使用，让对手防不胜防、无从揣测。NBA超级球星迈克尔乔丹就是一名技术能力极强并且十分全面的球员，其进攻手段多样、传球诡异莫测、防守强硬等，曾多次当选过NBA得分王，也入选过最佳防守阵容和最佳阵容，其退役时年龄已经达到41岁但是招牌动作"后仰跳投"依然让防守人防不胜防，这也给乔丹带来了"篮球大师"的称号，被誉为篮球艺术家。人们在参与和观赏篮球比赛的时候就能直接体会到这种分散又统一的，整体又多样化的美，感受篮球运动时如何把多种技术动作有机地结合在一起，既单纯又丰富的美学体验。

第二，篮球技术规范和个性之美。篮球运动发展至今数百年，从简单的健身游戏发展到现在的成熟学科体系，各个技术动作基本上已经被研究透彻并且都有了规范的要求。球员在学习技术动作的时候都会以此为标准进行准确地学习和训练，例如投篮手型、防守姿态、运球手型等都由明确和细致的规范标准，优秀的运动员投篮命中率明显高于动作不规范的运动员。但是世界是多样化的，每个球员的身体条件和习惯都不一样，经过长期的使用对于技术的理解会有自己的特色，在规范的基础上也会进行符合自身条件和习惯的改变，所以我们在赛场上才可以看到乔丹的后仰跳投、邓肯的打板投篮、吉诺比利的蛇形突破、卡特的飞跃扣篮等被称之为某个球员的"标志性技术"或者"绝招"。这种集规范和个性于一体的感受使得篮球运动参与者和欣赏者拥有着无限的遐想空间和创造欲望，可以充分放飞想象力。

第三，篮球技术的准确性之美。准确性给人们带来的享受是毋庸置疑的，人类发展的目的之一就是要把事情弄清楚做准确。篮球运动的本质就是一项比准的运动，无论多么复杂的配合还是精心安排的战术其最终目的是将篮球准确的送入篮筐得分。在偌大的场地上使用各种方法将直径24.6厘米的篮球准确的送进直径45厘米的篮圈中的那种感觉是十分美妙的，甚至有人说世界上最美妙的声音就是篮球穿过篮网的声音。同时，精准的传球也能给人一种视觉的冲击，还有防守人通过预判准确的站位造成对手进攻犯规等。篮球场上的准确性无处不在，充分体现了篮球运动的目的性，也是给人带来一种细腻之美。

第四，篮球技术的难度美。人们总是会对超出预期能力范围而完成的能力情有独钟，也就是对意外的期待。规范的篮球动作看似十分简单，但是比赛场上情况复杂多变，大难度技术动作的完成往往能瞬间点起观众的热情，同时也能提高自信打击对手。迈克尔·乔丹在空中转体加换手的上篮和千钧一发滞空的绝杀，内特罗宾逊以1米70的身高飞跃霍华德的扣篮和对2米26的姚明的盖帽，韦德在失去重心后不看篮筐也能把球抛进等这些匪夷所思的情况数不胜数，都会成为人们津津乐道的话题。这种偶然性、独特性和不可复制性带给人们的刺激是巨大的，而且观众也可以从中获得美感的享受和心理满足。

（三）篮球战术之美

如果说篮球技术体现的是球员个人身体和能力的美感，那篮球战术体现的就是智慧和整体的美感。很多流畅的整体都可以给人奇妙的享受，如钟表的内部结构、大型机械的运转、大型表演方阵的等，让人们在欣赏各部分精妙的同时又能看到其相互配合而产生的巨大力量。篮球运动就是这样一个集个体性和整体性为一体的项目，其中战术和配合把球员们紧紧地联系在一起形成一个整体去完成进攻和防守，其中的美妙之处可以分为以下几个方面。

第一，篮球战术的多样化和多变性之美。万花筒之所以好看就是因为可以随意变化，每个变化都有不同的美丽景象。篮球战术组成结构复杂，战术种类多样，单个固定战术也会根据场上形势随时变化，同样可能出现多战术相互交替穿插使用的实况，使得一场比赛就像一个万花筒一样，观众永远无法预料下一秒会用什么样的惊喜出现，这种期待和想象给人的刺激是极大的，事后回想又觉得意犹未尽。

第二，篮球战术的独创美。可以说每一个战术都是经过教练员和运动员长时间的实践和研究得出来的，有的战术脱胎于老战术，有的战术适用于特殊球员，有的战术适用于特殊场次，在大量的战术体系中总会有些是非常独特的，创新性和价值很高。NBA著名教练"禅师"杰克逊在带领以乔丹为首的公牛队取得辉煌的过程中，其创立的"三角进攻"战术可谓功不可没，这个战术充分发挥了乔丹等其他优秀球员的作用，后期他又把这个战术带到了洛杉矶湖人队，成就了科比和奥尼尔的王朝时代；另一套著名的"双塔"战术虽然始于火箭队但是被马刺队的波波维奇教练发扬光大，他使用蒂姆•邓肯和大卫•罗宾逊两名大个球员镇守内线，进可攻退可守，也是拿到了总冠军。除了这些还有很多著名的战术体系被很多球队使用，这也促使着更多的教练员和运动员去发明属于自己的战术体系从而努力钻研。

（四）篮球运动中的明星之美

明星一词早起出现在文艺界，借助明亮的星星的寓意来形容一个人所达到的成就和对别人的影响。当今世界各行各业发展迅速，明星也是遍布其中，而明星效应更是成为一个专门的课题供人研究。体育比赛也是明星辈出的行业，无论哪个项目只要足够优秀就可以成为明星。例如跨栏明显刘翔、游泳明星菲尔普斯、网球明星费德勒等，都是闻名全球的体育明星，他们的一举一动都会对关注他们的人们造成一定的影响。而明星的效应也和其所从事比赛项目和比赛影响力成正比，篮球运动作为世界上最受欢迎的运动项目之一与世界第一运动足球的影响力不相上下，其中产生的明星的影响力也是巨大的。

美国NBA职业联赛是世界篮球的殿堂，而其最成功的造星计划就是针对"飞人"迈克尔•乔丹的。20世纪80年代，NBA还仅仅是一个美国的职业联赛，无论在美国还是世界影响力都不足以称道。当时的总裁大卫•斯特恩就开启了造星计划，对象就是迈克尔•乔丹，通过一系列的手段包括了媒体、商业、梦之队等成功地把乔丹打造成了"篮球之神"的形象，更是一举把NBA打造成了世界篮球的殿堂。各国优秀人才争相加入，比赛关注度直线飙升，同时也涌现了大量的明星："小巨人"姚明、"魔术师"约翰逊、"小飞侠"科比、"大鲨鱼"奥尼尔、"小皇帝"詹姆斯等众多明星球员为大家带来了无数精彩绝伦的表演,而在场外这些明星也会积极地参与各种社会活动来传播正能量,以身作则为世界上的人们尤其是青少年榜样作用。

(五)篮球运动的精神之美

人们把精神美分为了智慧美和道德美,只有这两种美都具备的人我们才称其为一个合格的社会人。有很多手段和方面都会影响到一个人智慧和道德的发展,其中体育就是一个很好的手段。根据篮球运动的特点本文把篮球运动的精神之美分为了智慧美、心理素质美和道德美三个方面。

第一,篮球运动智慧之美。迈克尔·乔丹说过,成为一名优秀的球员身体占70%,而要成为一名伟大的球员智慧要占70%。在篮球运动和比赛中智慧之美主要体现在运动员的意识方面,篮球比赛瞬息万变,各种突发情况层出不穷,球员需要在掌握大量技战术知识和技能,赛场上更需要高度集中注意力,迅速观察收集场上信息,分析当时情况并综合考量做出最优质的选择和判断。这一系列脑力活动在短时间内完成对于球员的智慧要求是极高的,而当球员成功完成时给予观众带来的智慧美的享受也是极大的。当下号称"最会用脑子打球"的球队之一就是圣·安东尼奥马刺队。2014年NBA总决赛马刺队以"老迈之躯"四比一战胜由詹姆斯带领的"最强天赋"的迈阿密热火队,其中马刺队员和教练超强的战术意识是战胜对手的关键,再一次把"整体篮球"和"个人篮球"的争论带到了风口浪尖,比赛中马刺队总是连续的配合撕裂热火的防守,更是可以用整体的轮转和补防来对抗热火詹姆斯和波什等超级球星的冲击。类似的比赛和情况并不在少数,无论是个人还是整体的超强篮球意识都充分体现了篮球运动的智慧之美,让人们再观赏到身体和智慧的完美结合。

第二,篮球运动的心理素质之美。心理素质是比赛取得胜利的关键因素之一,再高的智慧再好的技术和战术如果球员心理状态出现问题就无法完成。篮球比赛对抗激烈,球员一直处于高压的状态下,有时需要进行冷静的思考和行动,这需要具备强大的心理素质才能更好地控制自己的身心活动,最能体现心理素质的就是关键球的处理,其中最激动人心的就是"绝杀"。篮球比赛必须在规定时间内分出胜负,在当今比赛情况越来越激烈,设备越来越先进的情况下,球员往往要面临执行最后一投的情况,投进则可能胜,投丢则可能输,这种巨大的压力给人的冲击是极大的,只有心理素质最好的球员才能坦然面对这种情况合理处理球,俗称"大心脏"。历史上有太多经典的绝杀,1998年NBA总决赛乔丹在最后时刻绝杀爵士队成功三连冠,湖人队费舍尔最后0.4秒绝杀马刺队,中国队王仕鹏2006年世锦赛最后6秒奔袭全场3分绝杀斯洛文尼亚帮助中国队闯入16强等,这些壮举被心理素质强大的球员完成,让观众在万分紧张甚至绝望的状态下重燃希望,观众和球员的欢呼以及对手的绝望一幕幕画面带给人的就是篮球的偶然性之美,是运动员的心理素质之美。

第三,篮球运动的道德之美。没有道德美的人内心是丑恶的,是转瞬即逝的。篮球运动能够经久不衰其中一个重要原因就是弘扬着公平竞赛、合理竞争、不屈不挠的精神道德。一个道德败坏的球员哪怕技术再好也无法成为明星,一个为了胜利不择手段的球队永远不会得到认同。篮球规则要求运动员必须遵照一定规则来进行比赛,一旦出现非篮球的动作就会被判罚"违反体育道德的犯规",重则还会受到追加处罚。而裁判员在执法比赛的过程中被要求做到公平公正,一旦被发现故意偏袒的行为也会遭到相关部门的处罚。整个篮球运动就是在宣扬着道德的高尚,鼓励运动员严肃律己做好榜样,也不断利用规则和制度来规范人员的道德行为,为世界人民传播着道德之美。

审美能力的提高不单单是美学方面,而且对于学生未来的世界观、价值观和人生观的走向有着极为重要的影响。无论是内在还是外在,篮球运动之美包含了很多内容,尤其是对于学生的心理发展和价值观构建有着一定的正确导向作用。形体美可以帮助学生提升身体锻炼欲望,技战术之美可以促进学生思考,优秀篮球明星可以为学生学习和生活做出良好榜样,精神之美可以帮助学生构建坚实稳固的心理素质和道德准则。

第五节 篮球运动对大学生社会适应能力的影响

现代社会的快速发展突出地表现为经济急速发展、科技高度发展、市场竞争激烈、生活节奏加快。人们如果不能适应现代社会生活的快节奏,就会在生理上或心理上出现障碍,从而导致所谓"现代文明病"的发生和体质健康水平的下降。篮球运动在培养大学生社会适应能力方面能发挥着它特有的功能。

一、篮球运动对社会价值观念的影响

价值是指人的需要与各种事物之间的需求和满足需求的关系。价值观念是指客体对主体的一种满足程度，是人们对客观事物有无价值或价值大小的一种根本观点和评价标准。在现实生活中，同样的事物对有的人有价值，对有的人则没有价值。人们在认识事物及其属性的基础上，从自身需要出发，确定各种事物的价值大小，从而确定人们活动的价值取向。

（一）篮球运动有助于培养创新意识与领导能力

篮球运动技术和战术的不断变化就是不断创新的过程。篮球运动员在比赛中技战术的运用，必须随着对手的变化而变化。通过观察进行分析、判断，快速果断地做出行之有效的应答。从运动结构来看，篮球技术中有许多动作是相对固定的，但在实际运用中，由于对手不同，对手做出的反应是不一样的。这就要求篮球运动员随机应变，在比赛中创造出新的、巧妙的动作以及动作配合。因此，篮球运动既是一个高度协同的全面抗衡，又是一场个人的斗智斗勇。它有利于培养人的良好思维能力、应变能力、创新意识和开拓精神。这种优秀品质不仅表现在运动场上，而且也会迁移到日常的工作、学习和生活中，有利于培养青年大学生敢于尝试、不断创新的精神。

篮球运动是一项集体运动，也是一项组织严密和协调运作的体育运动。篮球运动战术的发挥，不仅要求运动员具备良好的个人技术，还需要整个团队（包括运动员、教练员、领队、随队医生和工作人员等）万众一心，组织及时，配合默契。长期参加篮球运动训练，有利于培养青年人的创新意识和开拓精神，有利于培养篮球运动参与者的合作意识和竞争能力，有利于培养大学生的沟通意识和组织能力。这些良好的品质可以影响青年人的价值观念，可以提高大学生的管理能力，也可以培养个人的领导能力。研究结果显示，在我国体育专业大学生中，担任学生会干部人数比例最多的是来自篮球运动专业；在大学体育部（室）和体育学院等部门的管理者中，从事篮球运动专项的人数最多。这不是偶然现象，它是与篮球运动的特点有密切的联系。

（二）篮球运动有助于培养合作意识与竞争能力

合作是两人或两人以上至群体为达到共同目的，在行动上相互配合的一种互动形式。合作与竞争一样，是人与人相互作用的基本形式。合作与竞争在形式上是对立的，但在体育竞赛和社会活动中总是相互伴随的。人类社会发展的历史证明了一个永恒的真理：个人的作用和贡献总是有限的，真正的力量在于集体之中，合作是人类社会生活中常见的现象，这种沟通与合作具有普遍的社会意义，是团队获得胜利的基础。

  篮球运动中充满着竞争与合作，篮球比赛的每一次进攻，几乎都要通过传切、掩护、突分和策应配合，以实现最后的投篮目的。这些两三人的战术基础配合形式就是合作。防守战术体系也是一样，从个体上看，防守是一对一进行对抗；但从整体战术上看，每一个防守点都是全队战术的重要支撑，都需要各个点的密切合作、协同配合，形成一个有机的整体，才可能实现预期的目标。篮球运动的集体性规律，充分体现在协同配合和团队作风上；个体只有很好地融入集体，整体才能发挥出最大的力量，并为个体更好地发挥打下坚实的基础。篮球运动另一个特征就是竞争激烈，这种竞争从个人到整个团队，处处存在着竞争。由于篮球比赛速度快，球场变化多，身体碰撞凶，比赛对抗性强，就不可避免地会造成竞争激烈的场面。这在很大程度上提高了篮球运动的技术水平，增强了个人和全队的竞争能力。这种竞争意识和竞争能力会潜移默化地影响人的心理与行为，这为日后大学生走入社会、融入社会打下良好的基础。

  （三）篮球运动有助于培养沟通意识与组织能力

  个体在社会化过程中首先要面对的是建立良好的人际关系。人际关系反映了人与人之间在沟通过程中所获得的心理满足。没有相互交往，个体的社会化过程就无法实现。人们在日常生活、工作和社会活动中会谋求与他人建立一定的感情联系，满足心理需求。友好和亲近的关系会带来正面的心理满足，促使身心健康；相反，紧张、对抗和敌视的关系会带来压力和焦虑，有害于身心健康。所以人际关系的本质是情感的社会交流，而沟通是人际关系中最基本和最常见的要素和具体表现。

  篮球运动为相互沟通提供了机会，为培养良好的人际关系创造了条件。篮球比赛中个人目标的实现在很大程度上取决于集体目标的实现，而集体目标的实现又是该球队全体成员共同努力的结果。实现整个团队的集体目标，需要具备良好的组织能力，统一思想，统一行动；同时篮球比赛也为培养良好的组织能力创造了条件。

目前，篮球运动不仅在国内成为名副其实的"第一运动"，而且在全球也成为首屈一指的体育运动。篮球运动还成为人与人、团体与团体、国家与国家之间相互交流的工具，成为建立理解、信任、团结与友谊的桥梁。不同的国家、地区、民族，不同的语言和肤色，人们都可以通过篮球"语言"进行交流与沟通，增进相互间的交往。凡是亲身参与篮球运动或观看篮球比赛的人，都会在共同的参与中得到满足和愉悦，这有利于产生共同语言，并建立良好的社会关系。

二、篮球运动对社会规范行为的影响

（一）篮球运动有利于规范人的行为

篮球运动是一项讲求规则的运动，参与者都要在比赛规则的约束下进行配合与对抗。篮球比赛中贯穿的体育道德精神有助于规范个体行为，从而使人获得对现代社会生活方式的模拟与演练，以培养人们形成健康文明的社会行为习惯。

1. 篮球竞赛规则对人的社会行为具有约束力

篮球运动中每个个体的行为都要符合篮球规则，所以就要自觉养成遵守规则的行为习惯。体育比赛中常常会发生因情绪过激而导致的暴力事件，这些越轨行为不仅要受到规则的严厉处罚，同时还要受到社会规则和社会公德的谴责，情节严重的还将受到法律的制裁。篮球比赛的特点之一就是对抗激烈，身体碰撞是难免的。每个运动员都应以力争获得球或抢占有利位置为目的，鼓励合理的身体对抗，但绝不能为了达到目的而去伤人，或为达目的而采取投机取巧的手段，这不仅违反了篮球规则，更违反了体育道德精神。篮球赛场上不时响起裁判员的"带球走""3秒违例""推人犯规"等哨音，就是在不断地规范运动员在球场上的行为，不断地提醒全体运动员什么动作能做，什么动作不能做，做了哪些违反规则的行为就会得到什么样的处罚。篮球运动员在长期"不断提醒与规范行为"的环境中，会逐渐理解与遵守篮球规则。如果运动员认真遵守了篮球规则，并且打出了风格，赛出了水平，就会得到观众的掌声和对手的尊重。久而久之，这种规范行为的意识有利于转移到青年人的学习、工作和生活中去。

2. 体育道德精神对人的社会行为具有影响力

人类的攻击性是人类的本能之一。篮球运动在激烈的对抗中，在满足人的攻击性本能的同时，还设计了一系列人的社会行为的控制器和调节阀，那就是竞赛规则和体育道德精神，从更深的意义上讲，还有文化的约束力，如信仰、伦理、道德等。体育的道德精神和竞赛规则，保证了双方在公平合理的条件下展开攻防对抗，保护健康文明和积极合理的行为，限制粗野动作和不礼貌、不道德的行为。篮球运动发展 100 多年来，经历了几十次的规则修改，篮球规则修改始终围绕着三大主题，即加快比赛节律（提高比赛的观赏性），限制高大队员行为（提倡篮球运动的公平性），限制粗野动作（提倡比赛健康文明）。由此可见，限制粗野动作一直是篮球运动所追求的目标之一。篮球运动员所拥有的众多良好品质，都会迁移到日常的工作、学习和生活中，有利于规范大学生的行为。

（二）篮球运动的对抗性特点有助于培养良好的个性心理

篮球运动对抗性特点非常明显，它首先表现在攻守双方在阵式上的全队对抗；其次，它表现在攻守双方运动员之间的身体对抗；第三，它表现在攻防双方运动员技战术水平的全面对抗；第四，它表现在运动员心理素质的直接对抗（包括意志品质、团结一致、顽强拼搏和智力竞赛等）；第五，它表现在场外教练员团队之间的智力对抗；最后，还可能包括球迷、观众之间的倾向性对抗。以上所有的对抗形式都是正常的，但必须在篮球规则允许的范围内。篮球运动强调竞争与对抗，提倡人的攻击本能在篮球运动中得到充分释放，提倡人的运动天赋在篮球比赛中得到充分展现。

篮球比赛过程错综复杂，这就要求参与者根据形势及时做出正确的判断，是传球、突破或是投篮，都需要在瞬间做出果断决定。当比赛处于僵局阶段，需要参与者根据自己的比赛经验，以及所具有的技能，采取大胆的行动，这就需要一定的冒险精神，敢于冒险，敢于担当；当篮球比赛处于相持阶段，就需要球队发扬团队的协作精神，依靠集体的力量，团结拼搏、齐心协力。篮球运动为参与者个性的发展提供了广阔的演练空间，为塑造自己拼搏进取的人格精神，发展个人健全的个性创造了模拟战场。篮球运动中的这些特点也是现代人格精神的要求，是在现代社会环境中应当具备的个性品质。

（三）篮球运动的角色定位有助于理解社会分工与转换

人既是有着器官组织的生物人，也是有着丰富情感和独特个性的心理人，而从本质上看，人又是一个社会人，扮演着各种各样的社会角色。在篮球运动中，每位参与者都负担着不同的角色，如中锋、前锋和后卫等，每个角色都有各自的分工、各自的位置和各自的任务。在很多情况下，篮球战术需要调整，场上运动员的位置也就需要进行调整，相应的任务就会出现变化，角色的功能也随之发生变化。例如，场上队员与场下替补队员之间的调整，前锋与后卫之间的调整，左前锋与右前锋之间的调整等。通过在篮球比赛中担任不同的角色，以及经常出现的角色转移，可以使参与者理解篮球场上角色定位和角色转换的心理体验。同样，社会角色的定位与角色的转换也是根据社会的需要确定的，它是与人们的某种社会地位和身份相适应的。在很多情况下，角色如果发生了变化，人的心态也要随之进行调整。经常参加篮球竞赛活动，将有助于理解角色的含义，尽快地适应周围环境，并能通过自身的努力，适应不同的社会角色。

三、篮球运动对现代生活方式的影响

生活方式受一定社会生活条件的制约，从而使生活方式留下时代的印记。现代科学技术在为人类提供现代化的工作和生活条件的同时，也给人们带来了更多的心理刺激。一个人如果不能适应快节奏的现代社会生活，就会在生理上或心理上出现障碍，最后将导致"现代文明病"的发生与体质的下降。

（一）篮球运动对大学生生活习惯的影响

培养大学生养成良好的生活习惯是高校人才培养的重要内容之一。良好的生活习惯不仅能促进个人的身心健康，而且对人的未来发展有着直接的影响。大学生精力旺盛，又处于长身体和长知识的重要阶段，良好的生活习惯是确保顺利度过大学阶段的重要基础。为此，各高校都非常重视培养大学生良好的生活习惯，并把它作为推进素质教育的重要内容之一。尽管如此，很多大学生的生活习惯还是令人担忧的。据有关调查结果显示，目前大学生的生活习惯还存在作息时间无规律（玩电脑和卧谈会到深夜）、日常饮食欠科学（睡得晚、起得晚、来不及吃早饭，饮食偏食等）、娱乐休闲无节制和自我保健意识差等陋习。经常参加篮球运动的大学生，白天在运动中消耗了大量的能量，到了晚上睡觉时都会自觉休息，尽快恢复自己的体力；并且注意保证必要的饮食，补充人体必需的能量。篮球运动是一项集体运动，它对团队内每个成员在训练方面是有一定要求的，这些基

本要求都有利于规范大学生的作息时间，保证必要的营养等。大学生生活的规律性，是保障良好的身体素质的前提。因此，经常参加篮球运动有利于培养大学生良好的生活习惯。

（二）篮球运动对大学生生活节奏的影响

生活节奏加快是现代社会的主要特征之一。现代社会给人们带来科学技术和巨大财富的同时，也带来沉重的身心负担，现代社会的高速运转，往往会给很多人带来精神压力，造成身心疲倦，各种污染源包围着我们，各种病魔的肆虐侵害，给现代人的身心健康带来了威胁。大学生作为社会上一个特殊的青年群体，学习压力大，活动内容多，时间安排紧，生活节奏快就成为必然。如何适应快节奏的校园生活，篮球运动无疑是解决上述问题最积极有效的方式之一。篮球运动的快节奏有利于提高人们适应环境的能力；篮球运动爱好者充沛的体力和精力，是适应快节奏环境的物质基础；篮球运动的趣味性有利于释放人们的身心压力。越来越多的人已积极投身于篮球运动，他们不愿意再作体育看台上的热心看客，不再满足为别人的运动表现去鼓掌叫好，他们更愿意去亲身体验"生命在于运动"的真谛，去品尝身体运动带来的无限乐趣。人们从事篮球运动体验到的是身体运动带来的快感，人际交流带来的愉悦，心理沟通带来的满足，文化交流带来的思考，实现的是现代人的价值观念和文化追求。篮球运动已经成为现代人生活中的一项重要内容。

（三）篮球运动的发展与大众体育传媒之间相互促进

大众体育传媒使人们通过对体育信息的认知，影响其情感体验，进而改变其行为意向，对培养大学生的健康意识，运动文化修养，积极参加体育健身活动有着很好的导向作用。同时，篮球运动的发展，又促进了人们对大众体育传媒的关注与发展，两者之间相辅相成，共同发展。

1. 大众体育传媒拓展了体育文化时空

大众体育媒体传播的精彩体育赛事、新闻、评论以及各种体育娱乐节目等，不仅满足了观众的文化和娱乐需求，更重要的是体育媒体所形成的"体育信息环境"对人们体育行为、体育意识产生深刻而广泛的影响。人们通过各种体育媒体获取大量新的体育信息，不断充实着自己的"知识库"，同时改变着人们原有的思想观念，影响着人们的个体行为。特别是在电视出现以后，以大众传播为载体的体育文化传播，使体育实践主体得到了极大的扩展。

2. 大众体育传媒增强了大学生的参与意识

体育信息在被现代传媒不断的宣传过程中,会使越来越多的大学生不再单纯地关注竞技体育运动,而是亲身投入到体育运动之中。由于体育媒体的大力宣传,使得越来越多的体育项目为人们所认识,各种体育项目的规则为人们所知晓。这在很大程度上为人们参与体育运动提供了可能,也为体育运动的开展提供了群众基础。只有大量的人参与体育运动,才有良好的体育运动群众基础,才能使体育事业得到生生不息的发展。

3. 篮球运动的发展促进了大众体育传媒的发展

我国体育运动的发展,特别是篮球运动的快速发展,在一定程度上也推动了大众体育传媒事业的发展。例如,姚明等几位中国篮球运动员入选美国 NBA 球队,仅这一事件就吸引了一大批中国青少年,甚至是中老年篮球爱好者高度关注 NBA 比赛。这样不仅推动了中国篮球运动的发展,同时也推动了中国大众体育传媒事业的发展和 NBA 比赛在世界范围内的广泛传播。目前,每年 CUBA 的篮球赛事越来越红火,已经吸引了全国大中学生篮球爱好者的广泛关注,这反过来也推动了我国大众体育传媒在青少年群体中的快速传播。

第四章　篮球运动育人实现途径

实现路径研究相较于发展策略研究需更显系统化和程式化，一项运动的有效推广或者革新不是一朝一夕或者通过单个部门就可以完成的，我国现阶段对于篮球运动的健身和经济两大价值发挥较好，国家和社会关注度也主要集中在这两块。而篮球运动的发明初衷是健身和教育，经济等其他方面应该为其结合市场后的泛生价值，可见当前篮球运动的发展在我国是有一定偏差的，所以推动篮球运动育人价值的发展可以帮助篮球运动在我国健康科学的发展，也是其他价值可持续发展的保证。

理论研究的目的即是为了保证项目实施的顺利有效进行。篮球运动育人价值的研究已经在理论层面上证明了篮球运动对于学生身心健康、脑力思维及道德规范等多方面都有一定的积极影响作用，而要做到充分发挥这些价值则需要政府、学校、家庭以及社会各界的通力合作，建立多层次的科学实施方案。通过综合研究我国政治、经济和社会实际情况，以及现有各级别专业和非专业篮球联赛发展情况，借鉴美国等篮球运动发展较好国家的经验教训，对于篮球运动育人价值在我国具体实施的规划路径进行探讨。

本研究将篮球运动育人价值在我国实现的路径方案分为社会认知、政府政策法规、各级联赛开展以及校园篮球发展等方面进行讨论。

第一节　篮球运动育人的现实基础

心理学和哲学研究均表明人的认识会最终引导其行为决定，人们在决定是否进行某一行为以及选择的行为方式是基于对这项事务的个人认知的，这种认知包含了对这项事务的理解度和认同感，而要改变人们对某一事物的认知需要做到两点：令人信服的证据和恰当的表达方式。

一、利用实验数据证实育人价值

实践是检验真理的唯一标准，无论多么缜密的理论研究最终都需要具体实验来证明其真实性和有效性。拥有了实验成果才能最有力地去扭转社会各界对于篮球运动价值观的偏差，才能更具体更明显地凸显出篮球运动相较于其他项目或方式在育人价值上的独到之处，才能更进一步对于政府和学校针对不同情况的学生采取不同的措施。

篮球运动育人价值的实验研究应作为一项重大复合型交叉课题进行，因为这涉及生理学、体育学、心理学、教育学和社会学等多方面学科，实验构成应有多方面的专家和学者以及相关仪器；样本量要大，应涵盖各年级不同性别不同状况的学生以及不同地区的环境；试验跟踪时间要长，一名学生的身心健康以及思维状况的改变是否受到篮球运动的影响需要进行长期的记录和观察；实验分析要十分严谨，需要认真鉴别学生状态的改变是否由从事篮球运动直接或间接影响，提出其他因素才能得到真实有效的数据资料；实验设计要非常科学，由于涉及学科广泛，实验过程复杂，实验时间较长，所以整个的实验设计必须兼顾到各个领域和步骤的具体情况，各环节配合默契，才能保证最后得到预期的效果。

二、优化宣传手段，明确宣传内容

宣传最重要的目的就是主动影响人们的意见，其信息的真实性并不要求是完全准确的，会增加一些偏见或者夸大的因素进去，以达到吸引人们注意力和尽可能影响判断力的目的。宣传在当今时代是推广一项事物的重要手段之一，从商品广告到政府决策等诸多领域都会运用宣传的手段去达到特定的目标，好的宣传方式甚至可以在一定程度上决定事态的走向。篮球运动的育人价值在被实验证明之后所需要的就是做好宣传，要让民众了解到并且信服这些价值的内涵和作用，从而促使他们主动去进行与篮球相关的活动。

首先要做的是在学校体育教学中改变对于篮球运动教授方式，学校或者体育教师应在篮球教学中给学生灌输其多方面育人价值的知识，诱导学生使用篮球运动来解决生活和学习中遇到的困难和问题，大力宣扬成功案例和积极成果，达到让学生、家长和校方信服和向往的目的；其次是媒体宣传，在一些对于篮球联赛如 CBA 和 CUBA 等相关的宣传中加入育人价值的因素，通过这些比较引人关注的平台去传播育人价值，使用明星效应增加可信度和感染力；最后是政府和官方的认可，政府和一些官方机构如知名高校或者篮球协会等的权威性较强，其发布的意见一般比较容易收到民众的认同，即"官方消息"。

第二节　篮球运动育人的实现保障

在当今社会，政府的决策对于某项运动的发展有着十分重要的影响作用，很大程度上决定着方案的抉择和资金的流向。同时，健全的法律也能保证项目实施过程中的突发状况得到一致有序的解决。

一、制定有利的助推政策

篮球运动育人价值的实现是一项需要社会各界通力合作的大工程，政府的决策会直接影响到各级各类部门参与其中的积极性。学校在设置课程安排时不可能兼顾到所有的项目，选择哪一项作为主要项目取决于学校的自身条件以及政府的政策支持。我国的学校尤其是中小学办学模式较为相似，课程安排较为统一，一般都建立在由国家教育部颁发的教学大纲的基础之上，再根据各地区各学校不同的特点略有改动。

所以，若是教育部或者地方政府可以做出把篮球运动作为推广体育人价值的重点项目，不仅可以影响到学校的选择，并且还可以集中优势力量对篮球运动育人价值进行研究和分析，帮助实验顺利进行。同时，还可以制定相关政策来推动民间篮球比赛如校际篮球联赛的进行，在政府的支持下联赛的管理和资金运转都可以得到较有效的保证。

二、建立健全相关法规

当今社会是法治社会，健全的法律法规是校园篮球以及篮球联赛顺利开展的重要保证，体育运动避免不了意外的发生，篮球运动作为同场对抗项目更是容易出现受伤等意外状况。近年来国内屡次发生学生由于进行体育锻炼发生意外后由校方或者体育教师承担主要责任的案例，致使体育教师不敢对学生进行正常的体育训练，校方甚至选择取消某些项目甚至暂停体育课等手段，究其根源就是学校体育出现意外无法可依，盲目追究校方和教师的责任，以此来安抚家长和社会情绪，久而久之就会造成学校体育有名无实虚有其表，学生无法得到应有的锻炼，更无法收到来自体育锻炼的全方位熏陶。篮球联赛中出现斗殴打架或者恶意操纵比赛等恶劣状况时，相关责任人也应该收到法律的制约而不是仅仅由联赛管理部门进行处罚。在法律监管下的篮球联赛才可以真正做到安全有序、公正透明的可持续发展目标。

第三节 篮球运动育人的有力手段

一、联赛的开展和有效结合是篮球运动育人价值实现的有力手段

篮球比赛是展现篮球运动的主要平台，现代的篮球联赛更是体现篮球运动各方面价值的主要载体，联赛开展的好坏很大程度上反映了篮球运动发展的优劣，一个科学的可持续的联赛梯队也是篮球人才培养和输送的重要保障。篮球联赛的优质开展可以为篮球运动育人价值全面实现起到助推剂的作用。

（一）完善各级别校际篮球联赛开展

我国现阶段开展较好的篮球联赛有中国男子篮球职业联赛（CBA）和中国大学生篮球联赛（CUBA）两个，其他还有中国大学生超级联赛（CUBS）以及耐克杯全国中学生篮球联赛等处于起步阶段的联赛。相对于美国等篮球运动发展较好的国家和地区，我国的青少年篮球联赛开展状况并不乐观，美国每年都会举办以州为单位的高中生篮球联赛，其规模之大甚至超过了全美大学生篮球联赛（NCAA），基本上所有的美国高中都会参加，而受关注程度也是不逊于 NCAA 甚至 NBA 的，同时美国的初中和小学系统也有年度的篮球联赛进行。

大规模、有系统的校际篮球联赛的开展推动了篮球运动影响力的不断增强，能够使越来越多的人意识和体会到篮球运动的魅力和价值。我国现阶段应该着力开设有系统的青少年篮球联赛尤其是高中级别的篮球联赛，

力求吸引尽可能多的学校参与，以乡镇、县区、市、省甚至于国家为单位进行，推动篮球运动育人价值观念的传播。

（二）"大数据"是联赛科学发展的重要工具

联赛间有效结合的最好方式之一就是使我们的篮球联赛进入"大数据时代"。这一方式起源于美国，最开始并不是运用于体育行业。其意思是运用数据来分析和代表一项实物，并且运用云数据技术来作为数据之间的串联和共享，这项技术为体育联赛带来了巨大的变革。美国是个体育大国更是个数据大国，无论是篮球、棒球还是橄榄球运动员从高中联赛甚至初中联赛开始都会有详细的数据记录，包括了其身体条件和比赛状态甚至家庭背景等各个方面的信息，再通过模型化的分析结合专家的意见对其价值和未来进行评估，最后形成较权威的排名参加选秀供球队挑选，这种系统化、科学化的长时间数据记录可以最大限度地保证球员的个人价值数据得到保留，更可以给专家和球队提供可靠的资料对其进行分析和预测。

而我国现阶段对于球员的数据资料搜集很少，甚至于在 CUBA 也无法做到（更无论高中或者初中联赛）职业球队和高校在选拔人才时只能通过走访和现场测试再依靠教练经验进行选取，很可能造成误选或者人才流失等情况，无法保证人才的科学递进和输送，从而影响了我国青少年的篮球热情，也制约了家庭和社会对篮球运动价值的认识。

二、校园篮球是篮球运动育人价值实现的摇篮

篮球运动育人价值的实现最终还是要落实在校园里，以学校体育为载体呈现在学生身上。前文提出的改善认知、完善法规和改革联赛等策略方法最终目的就是推动篮球运动在学校的全面开展，而要使篮球运动育人价值最终在学校中实现还需要涉及学校体育课、课外活动和特殊教育等方面。

（一）丰富课堂文化，灌输育人价值

体育课是学生接触体育运动专业教育的第一平台，在我国体育课是中小学包括大学的重要课程，中小学平均每周会有 2 到 3 节体育课，大学一般在一年级有公共体育课，涉及各个项目，在二年级有专选体育课，每周大约 1 到 2 节。体育课课时数量的设置也表明了其主要目的并不是带领学生进行体育锻炼，因为每周 1 到 3 个小时的体育运动是远远不够满足学生体育锻炼需求的，体育课的主要目的是教授学生各个体育项目的练习方法

和如何进行自身需要的体育锻炼，以及体育锻炼的意义和作用。

篮球项目是我国学校体育的重点项目，基本属于必修课范畴，从小学到大学院校基本都会设置篮球教学课程。但是，当今大部分体育教师对于篮球项目的体育课教授上存在着教学方向狭隘的问题，就是基本只传授篮球运动的技战术方法，只关注在其身体锻炼价值上，罕有教授篮球运动育人价值的其他方面，甚至部分体育教师自身对于育人价值的了解和体会存在欠缺。人对于事物的第一印象往往会形成定式，学生对于体育项目的初次了解大多数来自体育老师和体育课堂。所以，体育教师自身应着力学习和理解篮球运动育人价值所在并结合实践操作，在体育课上为学生灌注相关知识，并切实运用篮球运动去帮助学生解决除身体锻炼以外的更多学习和生活问题，让学生体会到篮球运动的育人价值带来的效果，进而增加其对于篮球运动的热情。

（二）提高课外活动质量，优化训练模式

课外活动是学校体育的另一重要组成部分，包括了课余时间的自由锻炼和学校安排的课外活动时间。在我国中小学课程设置中，大部分学校会安排除体育课之外的课外活动时间，一般在下午的某 1 到 2 个课时，在这期间学校鼓励学生离开教室来到操场进行体育活动，也是为了响应国家关于"每天锻炼一小时，幸福生活一辈子"的号召。大多数学校在课余活动时间采取的是学生自由活动，老师负责监督看护的模式，学生的锻炼效率一般无法达到预期的效果，经常出现爱运动的在运动，不爱运动的依然不会参与的状况。篮球比赛具有吸引学生加入的能力，学校可以安排班级对抗赛或者报名赛等活动在课余活动时间进行，由体育老师担任裁判等组织管理工作，同时为比赛加入啦啦队、技巧表演等娱乐元素，尽可能多的吸引学生参与到其中，在无形中就把篮球运动的育人价值散播到了学生中间，使其从中受益。

学校篮球训练是培养篮球基础人才的重要方式，在美国并没有类似我国体校的专门类学校。篮球和其他体育训练都是在学校中进行，学校会设立篮球队，由专门的教练负责选拔和组织训练，同时会和其他科目老师配合尽可能保证学生运动员的利益最大化，这也是很多美国学生愿意进入运动队的主要原因。而在我国学校，尤其是中小学设立专门篮球队的学校比例很小，尤其是一些经济发展不够发达的地区，就算被迫参加比赛也是在赛前临时安排体育教师选取学生进行训练以应对比赛，这样带来的问题有很多，最大问题就是影响到了学生的日常文化课学习，遭到班主任和家长的反对。学生参与的目的也可能只是为了逃避学习，从而形成恶性循环，打篮球的学生并不一定热爱篮球或者擅长篮球，而优秀的人才可能因为迫于压力而无法进行训练和比赛，同时教练员也是由体育老师临时担任，无法保证训练质量。

据此，我国学校尤其是中小学中有意愿参加系统性篮球联赛的学校应该设立专门的篮球队，聘请专门的教练员进行管理，并且依照现实研究相应的规章制度安排文化课和训练之间时间问题，同时强调以学生为第一位，篮球队的主要目的是帮助热爱篮球的学生接受更好地训练，提供给他们展现自己优势的平台，实现自己的价值或者理想。教练员应密切配合文化课老师，帮助队员做到学习和训练之间选取合适的平衡点，同队员的家长保持沟通，获得理解和信任，使篮球这项运动的育人价值充分体现在这些学生运动员身上，帮助他们的学习和生活达到更好地目标。

（三）设立特殊学生群篮球康复班，帮助解决学生心理问题

每所学校都存在着特殊的学生群体，这种特殊分为身体和心理上的。身体特殊指的是身体或者生理上具有残障或者疾病的学生，如肢体残疾、功能残疾、过度肥胖、哮喘、心脏病等；心理特殊指的是一些心理疾病或者障碍的学生，比如自闭症、抑郁症、多动症等。体育锻炼对于身心康复的优质效果已经得到了社会的公认，现在一些学校也设立了特殊学生康复锻炼班，但是主要手段是一些简单的体操或者传统技法的练习，对于身体残障的学生较为适合。

针对有心理问题学生单调的体操锻炼可能无法起到很好的效果，有研究表明我国在学校生较普遍的心理问题是自闭和抑郁，主要原因是学习压力过大或者家庭影响，比如特殊家庭背景形成自卑感等。这类心理问题的学生一般不合群不愿意与人交流，尤其不愿意进行语言沟通，但是这类人一般都有较丰富的心理活动和思维能力。篮球运动可以帮助他们逐渐敞开心扉，篮球比赛是团体性的项目，队员之间需要交流与合作，但并不一定要使用语言交流，事实上大部分的篮球配合来自动作和眼神的交流，就算有语言也是简单的代号或者词语等，这种交流比较基础，相对更容易被这类学生所接受，同时拥有缜密的思维可以帮助他们成为比赛的关键人物，甚至成为一个明星。在球场上出现的"被帮助"和"被需要"的感觉会使他们体会到群体的乐趣，从而帮助他们恢复心理健康。

第五章 篮球人才培养现状分析

从 1998 年大学生篮球联赛（CUBA）推广至今，中国高校篮球运动的发展已经经历了 20 年，其规模和影响力也在日益壮大。十几年来，大学生篮球联赛已经成为我国篮球运动中参与人数最广、队员综合素质最高的篮球联赛。大学生篮球联赛的成功举办，不仅使得篮球在高校运动中得到了普及，也为我国篮球职业联赛（CBA）输送了大批高素质、高水平的优秀篮球运动员，高校已经成为我国篮球事业发展重要的人才储备库。但是，当我们透过这些辉煌的表象，对高校篮球发展过程中存在的深层次问题进行探索和分析后就会发现，目前高校篮球运动过程中也存在着种种问题，例如高校篮球人才在选拔体制、培养方式、经费来源和教练团队执教水平等各方面都存在不少的问题。归结起来，我们可以发现这些都是关于高校在篮球人才培养模式中所存在的问题。

第一节 篮球人才培养现状

一、篮球人才培养中选拔体制现状分析

（一）篮球人才选拔途径及方式

自从我国实行体教结合以来，我国不断地实施政策鼓励高校招收体育生进入校园学习。1998 年大学生篮球协会举办的第一届大学生篮球联赛（CUBA）得到热烈反响，高校招收篮球运动员的趋势也是逐渐明显。从目前的大学生联赛情况可以看出，我国高校大学生篮球运动员优秀选手少，身体素质不强，身体条件较差，对后期学校的培养造成很大的影响，这些情况的根源问题出自高校对篮球运动员的选拔途径和方式。目前我国高校对篮球运动员的选拔途径有以下几种方式。

1. 普通高中学生

即在普通高中的体育代表队或者在高中时期进行严格体育训练的学生。由于此类学生在高中进行学习，经过了从小学、初中和高中的文化学习，相对其他的运动员来说，文化基础和素质也相对较高。然而我国高中阶段没有形成良好的体育培养机制和培养条件，也没有良好的培养系统帮助高中学生的训练和培养，加上本身处于高中学习的环境，文化课学习时间占大部分，体育锻炼时间较少。普通高中学生文化基础好、身体素质高并且人数多，肯定存在对体育某专项具有巨大发展潜力的学生，如果后期得到长期的专业训练，发挥本身的优势，最后很有可能成为一名优秀的运动员。高校作为我国教育培养的最高层次机构，应该重视对普通高中生选拔途径，加强对高中生的培养。

2. 少年业余体校和传统篮球体校学生

国家开始发展学生竞技体育的时候，高校为了提高高校的竞技水平与学生运动员的篮球专业水平和能力，直接招收体校或者专业学校的篮球运动员，此种选拔方式不仅节约了招生的成本，也节约了后期培训成本和风险。这种选拔途径选拔出来的学生篮球专业能力强，竞技能力高，但是由于原先没有接受优秀的文化教育，会有出现学历问题、年龄和伤病的问题，学生前期训练过程中篮球潜力已开发，形成了自身的一套运动模式，后期很难培养训练。因此，对于高校篮球运动员选拔来说，不应该以此种途径作为主要途径。

3. 专业运动队的队员

专业运动队的运动员包括现役的运动员和退役的运动员。退役的运动员通过学校学习，获得学历，在帮助学校运动队训练和提高成绩的情况下，又可以提升自己的综合素质。现役运动员在高校学习的同时，也会参加专业的篮球比赛，具有学生和运动员的双重身份，他们不仅参加专业篮球比赛，同时也可以代表高校参加大学生运动赛。专业队的运动员的起点很高，从小开始训练，训练时间长，专业技能强，同样，缺少文化学习，文化素质比较低。相对专业运动员，高中生上来的篮球的运动员在短时间内训练很难达到专业队员的水平，降低了中学生的训练积极性。因为招收了专业队的队员，因此减少了高中学生的名额，导致高中一些具有潜力但没有被开发的学生不能进入高校训练和培养。长此以往，不利于高校篮球高水平运动员的发展。

我国高校篮球运动员的选拔主要有上述三种途径,选拔方式包括"特招"和"普招"。"普招"需要经过学校的考核,一般是包括篮球专项和文化课两部分的考核;"特招"只需要通过高校单独的文化课考试和获得国家一级运动员的资格同时通过高校的体育测试。其中,篮球专项考试包括身体素质、基本技术和比赛三项内容,每一项内容有专项的项目,进行选拔的篮球生需要通过这三个考核,才有进入高校学习的机会;文化课是指考生需要达到国家体育教育部门规定的高考分数线或者单招的分数线。参加高校运动员选拔的学生必须在文化课上达到标准,在篮球专项上成绩优秀,经过各个高校的评定,才可以被学校录取。高校篮球运动员的选拔过程中,应该注意高校对中学运动员的培养、关注、保护和帮助,加强同中学运动员的交流。高校通过对中学运动员的关注,了解中学运动员的篮球素质能力和发展情况,进一步加强培养,并提供相应的帮助,不仅可以促使中学运动员的篮球技能提升,可以有效地保护中学运动员的学习和成长,同时还可以将有潜力、有能力的运动员提前收录于本校,避免人才流失。

（二）篮球人才选拔效率分析

我国高校篮球运动员的三种选拔途径中,每一种选拔途径需要的时间、经费、成效是不一样的。高校选拔运动员,除了配合和支持国家推行的体教结合的政策以外,还可以培养一批高素质高水平的运动员,打造高校的体育品牌,吸引更多的生源。除此之外,篮球运动员在学校参与大学生篮球联赛,获得名次,既能提高高校的声誉和名气,为高校争光,与此同时,又能受到教育,可以丰富校园的文化体育生活,还能培养学生的体育精神。

高校招生的选拔途径会直接影响招收的篮球运动员的整体素质和质量,对高校后期的培养也会有很大的影响。途径好,选拔出来的运动员苗子好,后期高校培养起来会效率更高,运动员成才率也会增加,另外能赢得更多的比赛,成绩会更好,学校的名声也会明显增加,能越快达到高校预期的目的,反之则不然。所以,不同篮球运动员的选拔途径也会影响高校后期的培养效率,也是算是篮球运动员选拔效率的一种表现形式。

高校对高水平运动员选拔支出是有限的,包括人员、时间和经费,不同途径招收的篮球运动员的素质和能力也不一样，对后期高校的培养影响比较大，达到的预期效果也会大为不同。为了更好地招收各方面有优势的篮球运动员，对选拔的学生进行训练，达到最初的目的，应同时了解目前篮球运动员学生的选拔问题。

1. 普通高中生选拔途径

普通高中的学生报考高校篮球运动员，必须具备教育部办公厅规定的资格后才可以报名。根据国家颁布的规定得知，考生需要满足一定的条件才可以报考大学教育，没有经过资格认定的篮球运动员是不能参加高校高水平篮球运动员的报名，这是首要的条件。考生根据自身的条件选择报考的高校后，该校的体育部组成专家评审委员，制定本校的测试标准和方法，对考生进行篮球专项测试。高校组织专项人员管理测试的时间、地点、程序等，需要大量的专业人员对报考的学生根据标准进行专项测试。测试过后，通过测试的学生还需要通过高考文化考试。有时候会出现通过测试的学生没有通过高考文化分，导致学校篮球生的招收空缺。高校篮球运动员从普通高中生中进行选拔，需要经过各种条件、选拔，经常出现在专业测试选拔中淘汰很多报名的学生，通过专业测试的学生还需要经过高考文化分的筛选，整个选拔过程复杂、烦琐，在专业测试时还需要召集大量的人力组成专项测试委员会，花费大量时间对学生进行测试，经过繁杂的过程后，不一定达到招生计划量，经常会出现重复浪费工作。

经过层层条件选拔进入高校的篮球生，从小经过教育学习，文化基础高，素质比较高，通过学校的专业篮球测试，运动潜力大，在小学、初中、高中没有经过专业教练和条件训练，潜力没有得到挖掘。在高校的专业训练里，可以大力发挥学生的篮球潜力，通过长期的训练，可以培养成优秀的运动员。但是由于有些从普通高中上来的学生仅仅为了获得高校文凭，导致没有用心训练，成为专业的篮球运动员，这也是潜在问题之一。

2. 少年业余体校和传统篮球体校学生选拔途径

体校学生的选拔模式和普通高中生选拔方式差不多，不同的是由于体校本身就是进行体育训练，学生的身体素质好，技能水平较高，所以在高校进行篮球专项测试时比较容易。但是同时也是需要组成评审委员会对其进行篮球专项测试，花费一定的时间和人力。通过测试的学生也需要在高考中达到规定的分数线,才可以被高校录取。少年业余体校和传统篮球体校学生选拔途径相对于普通高中选拔来说,在体育测试上相对简单,选拔过程比较容易,选拔上来的学生篮球技能强,后期培养成本低。由于从小学习篮球运动,对文化课的学习时间较少,文化知识薄弱,运动潜力和发展空间不大,有的学生以前残留的伤病问题比较明显,后遗症比较多,不利于高校篮球运动员教育的长期有效发展。

3. 运动队的队员选拔途径

运动队里的队员都是专业运动员,也有过不少比赛的经验,对于此类篮球运动员的选拔通过单招的途径。此类运动运动员只需要参加高校的文化课单独考试就可以进入高校。此类选拔途径方式单一、程序简单,进入高校的运动员属于专业选手,篮球技能高,比较经验丰富,有助于学校参加大学生赛事,获得较好的名次。此类学生招收进高校后,高校不需要花费大量精力培养,短期来看,高校可以节约成本,同时帮助高校提高学校知名度,提高学校声誉。但是高校招收此类学生,篮球运动员主要体现在专业上的训练和成绩,而在文化成绩却管理不够,并且人数有限,不利于高校整体篮球水平的提高,也会打击其他篮球运动员的积极性,不利于形成高校篮球运动氛围,不能形成高校自己的主力军力量。总的来说,这样的选拔途径简单方便,但是后期的培养问题比较麻烦,整体选拔效率低下,不利于学校篮球人才的良性循环和持续发展。

二、篮球人才培养中训练体制现状分析

(一)训练管理体制

自改革开放起,我国体育机制随着政府职能的转变而发生了相应的变化。尤其是市场经济体制在我国的建立,逐步推动我国篮球训练体制迈上社会化、产业化发展道路,同时也有效激发了社会各领域及企业组建运动队的主动性。1986 年,国家体委在《关于体育体制改革的决定》中拟定了"放权搞活"为主导的改革思想,我国篮球训练体制改革已略见成效。表现为下列几个方面:(1)协会实体化改革正式推开,并逐渐形成了中国特色的协会制。(2)俱乐部制改革取得可观进展,多个赛季 CBA 职业联赛与 WCBA 联赛相继举办,受到了社会各界的普遍关注,篮球运动在我国已形成了较大规模。

（二）后备人才的培养

计划经济体制下，我国主要是通过体育运动学校、业余体校等机构来培养各个阶段的篮球运动员后备人才。在我国经济体制不断转轨的形势下，这种模式面临的最大困难是市场经济后经费来源的缺乏。随着体育行政机构、运动队的不断增加，政府财政的经济压力越来越大。在"奥运战略"与"全运战略"的影响下，不少省市为筹集更多的物力、财力，相继砍掉了投入较高、产出量少的集体项目，其中包含篮球运动。例如，广西、宁夏、云南、安徽等省市，男女队全部撤除现象屡见不鲜，每年国家的篮球比赛，青年队数量要比成年队人数少很多，篮球队伍已出现了不合理的"断层"现象。

（三）我国篮球科学化训练水平

篮球科学化训练水平的高低，往往是由教练员自身科研意识及能力来决定。训练质量的优劣，直接与科学训练挂钩。很多经验丰富的教练，均拥有较强的科研意识，他们通常是亲身参与，主动要求科研人员提供帮助。相应地，有些教练员在科研能力、精力及对新事物的接受上相对更差，甚至存在吃老本的错误思想，无法从整体上考虑篮球运动未来的发展问题。通过访谈，专家们纷纷表示，在我国"学院派"与"实践派"篮球训练员之间缺乏有效交流，整个训练处于研者不训、训者不研的状态中，这是导致我国篮球科学化训练水平偏低的根本原因。

（四）俱乐部运行机制

目前经济体制处于转型期，我国各类性质的篮球俱乐部组织得以建立。俱乐部大体包含由体委与企业合办和企业独资两种形式。合办型俱乐部主要是专业队制转变为俱乐部制时期形成的产物，已存在较多弊端，因双方合作前未将产权问题处理好，且未形成相应的条文规定，因而在运作中容易出现责任、利益等多重矛盾。企业独资俱乐部作为一种经营实体，其拥有独立的法人资格，企业掌控了产权、管理权等权限，并根据现代企业的经营模式来管理俱乐部，所以，责任、权利等方面矛盾也得到了有效缓解。从当前我国各俱乐部的机构设置状况来看，主要有下列几大问题：俱乐部均未设置法律事务部，俱乐部领导层未形成强烈的篮球职业化意识；俱乐部运作未实现市场化，且忽略了项目开发；缺乏明确的法律观念，这对培育篮球市场和发展篮球产业极为不利。

三、篮球人才培养中保障体制现状分析

（一）篮球人才培养管理体制现状

从篮球人才培养的外部管理进行分析，大部分学校体育工作都是通过各市教委体卫艺处或体育协会来进行管理和指导的，同时这些体育组织还对学校的课余体育训练进行监管。

从篮球人才培养的内部管理进行分析，一般而言，学校都是在分管校长的领导下，由体育教研组长实施具体工作内容，而学校、教练员、运动员作为不同的行为主体，有着不同的利益追求，不利于实现篮球人才培养的共同目标。

从篮球后备人才自身发展管理进行分析，学生在参与篮球训练后，大多都想在升学和未来发展上享有一定的照顾。然而，目前大多数学校无法做到对篮球后备力量在升学与未来发展环节上进行良好的衔接，一些教练员在训练中不尊重学生的成长发展规律，只顾眼前成绩，忽视了学校篮球后备人才的输送，这就会严重影响到学校的声誉和知名度，影响学校的篮球后备人才的招生水准。

此外，由于篮球运动队的内部管理涉及学校的许多部门，导致很多问题的出现，如工作协调起来难度较大，部分领导和教员对篮球运动人才培养的目的和意义认识不清，学校对篮球运动管理机制不予重视等，这在很大程度上阻碍了篮球人才培养的健康发展。

（二）篮球人才培养经费投入现状

从篮球运动存在的社会条件来看，经济基础是影响篮球运动生存和发展的重要因素之一，经济是篮球运动发展的"血液"，也是篮球人才培养的基础。经济水平对篮球队的规模、结构、水平以及人才培养手段都起着制约作用。

据调查显示，目前大部分学校篮球运动的发展都存在经费不足问题，资金来源比较单一，大部分资金来源于学校和上级行政部门的拨款，使篮球人才培养得不到经济保障。同时，由于经费缺乏，大部分学校在训学生没有训练补贴和伙食补贴，没有良好的后勤保障和支持。

（三）篮球人才培养教练员现状

教练员在篮球训练过程中起着主导作用，是篮球训练工作的决策者和

实施者，他们直接控制着所有的篮球训练过程。因此，教练员队伍的整体结构合理与否，专项综合能力能否达标对篮球后备人才队伍训练的整体水平有着重要影响。

从教练员的教龄来看，事实证明，目前在篮球人才培养中，教练员教龄相对较低。换句话说，40~50岁这一年龄段正是最佳执教年龄，他们经验丰富，情绪稳定，但在实际教学中比例偏少，出现断层现象。30~40岁年龄段的教练精力充沛，思维敏捷，容易培养出高水平的运动员，但所占比例也不大。29岁以下的教练员数量最多，但该年龄段的教练员执教经验、社会阅历较少，情绪容易冲动，不利于对运动员的培养。从事篮球后备人才培养教练比较年轻，教龄较短，工作经验少，这势必会影响篮球人才培养的质量和水平。从教练员的学历来看，存在着教龄长的教练员学历较低，但有丰富的执教经验，年轻教练学历较高，但是缺少经验的现象。从教练员技术职称结构状况来看，教练员技术职称是教练员综合素质的体现。调查发现，教练员中国家级和高级技术职称比例较小，执教和科研水平令人担忧，中级和初级技术职称教练员比例较大，要积极加强对这些教练员的专业素质培养。

（四）篮球人才培养评价机制现状

评价机制建设是篮球人才培养的有力保障。但是目前，很多地区在选拔人才、管理和训练、竞赛成绩等过程中并没有建立完善的评价体系。在选拔人才时，大多只是凭借自身经验，没有形成科学合理的选材指标，在训练和管理效果方面，仅仅采用一些简单的成绩指标，评价指标很不健全。在竞赛成绩方面，一味地追求比赛结果，良好的配套评价机制未能建立。

第二节　篮球人才培养理论基础与历史沿革

一、篮球人才培养理论基础

（一）人的全面发展理论

马克思主义理论认为，社会的发展应该是全面的发展，在发展的过程中要正确处理好人与自然、与社会的和谐关系。共产党宣言发表中，马克思就提出来未来的社会应该是人的全面发展的社会，把人的全面发展放在了最突出的位置。马克思把唯物史观概括为"关于现实的人及其历史发展的科学"。以人为本，实现人的全面发展，是马克思关于共产主义社会发展的最高概括，也是发展社会主义的本质要求。

马克思主义的科学发展观是我们在进行社会主义改革和现代化建设中必须牢牢坚持的指导思想，必须把它贯彻到每一项具体改革的执行中去。在分析我国高校篮球人才培养现状的问题分析时，也坚持把以下原则作为分析问题的理论依据。

1. 篮球人才培养的根本目的在于实现青少年自由而全面的发展

一方面，人的发展应该是全面而自由的发展，因此我们在培养篮球后备人才时，也要牢牢把握这一根本原则，在青少年的培养中要把训练和学习相结合，创造一个有利于篮球人才全面发展的环境；另一方面，强调人的全面发展并不等于忽略对竞技人才在训练上的投入，高校篮球人才培养最直接的目的就是为国家篮球事业培养后继人才，两者之间在本质上并不矛盾。

2. 竞技体育人才培养中坚持"人本原则"是社会伦理价值观的体现

在现代企业管理中，社会伦理价值观越来越受到人们的重视，而人本原则就是伦理价值观的集中体现。高校篮球培养工作归根到底是为了实现人的全面发展，其核心在于人性的完善。在科学发展观的理论指导下，高校篮球人才培养工作必须坚持"以人为本"为核心，训练和学习工作也必须牢牢围绕这个中心来展开。在训练过程中要尊重人的价值和尊严，在学习过程中要努力实现人的需要，把人的全面发展作为根本目标加以遵从。

（二）社会协同理论

从古至今，协同理念一直作为一种思想、一种为人处世的方法而流传于各国的文化发展史中。科学巨匠爱因斯坦曾经说过，如果人类不相信自己所处的世界是处于一种多事物相互和谐存在的状态中，那世界上就不会有科学的存在。孔德在他的社会静力学理论中也指出，要想维护社会的和谐发展，政府需要协调好各方面的利益主体，社会中各个阶层要各司其职，最好自己的本职工作。斯宾塞的社会生物学中也提到了要想保住社会的和谐稳定，各部门必须要处理好分工、合作与平衡三者之间的关系。

中国古代的百家思想中也包含着社会协调的相关理论。杨雄的"声律相协而八音生"（选自《太玄·玄数》）就指出音符的美妙在于每个音符相互之间处于一种协调的关系中；在以孔子为代表的儒家思想体系中，就强调了"和"的重要性，认为"和"是自然和社会发展的必然规律，"以和为贵""和而不同""和也者，天下之大道也""道比归于和"等思想都体现出了一种和谐相处的包容之道。

20世纪70年代，德国科学家赫尔曼·哈肯（Hermann Haken）创立了协同学说，它是一门可以在各个领域得到广泛应用的学科。协同学是一门关于协同合作的科学体系，是一种研究事物从无序到有序发展规律的新兴科学门类，其建立的根本目的在于寻找一种统一的方法去处理复杂事物之间的关系，使彼此之间能够和谐的相处。

现代协同学说的发展为我们认识世界和处理人与人、人与自然、人与社会之间的关系提供了一种全新的方法，使我们清楚地认识到，只有人与人之间和谐相处、人与自然之间和谐共生、人与社会之间和谐发展才是我们人类最终的发展方向。在新时期社会主义现代化建设中，"和谐""共赢""合作"等词语无不体现着协同的思想。

篮球人才培养工作是一个系统的大工程，其中很多因素都存在着非线性特征，不同主体之间也为了各自利益存在着博弈关系，高校篮球人才的培养工作需要多方主体共同合作才能实现好的效果。在科学发展观的指导下，高校篮球人才培养工作必须要协调好人才培训体系内各个主体之间的利益关系，这就要求我们在解决高校篮球人才培养的过程中面临的问题时要坚持协同合作的处理原则。

二、我国篮球人才培养历史沿革

（一）初步阶段——国家培养模式（20世纪50年代至70年代）

中华人民共和国成立之初，我国竞技体育制度自成一体，在篮球人才的培养工作上采取的是以高校业余训练为主的培养体制。1951年以后，随着中央体训班的成立，全国各地纷纷效仿建立自己的体育培训班来培养自身的篮球体育人才，这在一定程度上为我国以后运动员专业队的培养模式奠定了基础。

1956年，苏联的竞技体育制度开始在我国盛行，全国各地纷纷建立了业余体校；1963年原国家体委提出了针对青少年和运动员的培养计划，我国篮球运动员的培养与选拔体制也是在这一时期逐步发展起来的，通过业余体校、省市专业队到国家队这三级培养体系，保障了我国体育后备人才的来源与培养问题。

1966年至1976年期间严重摧毁了我国刚刚建立起来的体育培养机制，大多数的体校和专业队纷纷解散，体育人才的培养工作也陷入了停滞不前的状态，我国体育事业的发展遭受了重大创伤。

总体而言，在计划经济体制下，我国的篮球人才培养工作实行的是国家包办培养的模式，体育部门作为篮球人才培养的具体主管部门，负责一切与之相关项目的制定、审批等工作。这种模式把对篮球运动员的训练摆在了最主要的位置，培养篮球人才的最终目的就是要在国际大赛中取得好的成绩，为国争光。

计划经济时代下，这种"举国办体育"的形式确实迅速地扭转了我国体育事业在竞技层面上处于薄弱的境地，我国在较短时间内在国际大赛上所取得的巨大成绩也说明了它的合理性和可行性。但是从长远考虑出发，这种模式下培养出来的运动员只一心专注于运动成绩的提高，对于其自身的全面发展考虑甚少，其在人格塑造方面存在着不少缺陷，在以后的政治经济体制转轨的过程中，这一现象将出突出地表现出来。

（二）强化阶段——国家培养模式（20世纪80年代）

1978年，随着改革开放政策的制定和实施，中国所面临的国际和国内环境都发生了巨大的变化。随着中国在奥林匹克运动委员会的合法席位得到恢复，我国以"奥运战略"为目标的体育改革也随之发生。从此，对于包括篮球队员在内的所有运动员的培养都以此为目标，国家在体育人才培养工作中发挥的作用越来越强。

作为中国竞技体育的一部分，篮球人才的培养工作按照"思想一盘棋、组织一条龙、训练一贯制"的要求，对体校、省市级运动队和国家队这三个层级进行了工作内容上的调整，形成了具有中国特色的三级训练体系，即教育系统负责初级体育人才的培训、体育部门负责中级人才的培训、国家队负责对参加国际大赛的高水平运动员进行培训。这种模式的特点体现在：在培养人才的方式上，国家、体育部门和单位相结合，国家为主导，对于运动员的训练、学习、日常生活进行全方位的"包管"，同时出现了对于"体教结合"培养模式。

（三）新模式探索阶段——多元化培养模式（20世纪90年代至今）

中国奥运代表团在1988年汉城奥运会之后，对体育发展战略进行了重大调整。为了把有限的财力投入到传统的优势项目中去，原国家体委提出了"捏紧拳头，缩短战线，合理布局，突出重点"的体育发展战略，减少了对篮球等项目的投入力度，把这些项目的培训发展交给了社会力量。各地体育部门纷纷效仿，抛掉了篮球项目，导致了大量专业篮球队的消失，篮球三级人才培养体系也被严重破坏，这进一步影响到了教练和运动员在日常训练过程中的情绪，导致了大量篮球人才的流失。

1992年，十四大提出了以建立社会主义市场经济为总目标的改革战略，把中国的改革事业推向了一个新的高度，中国篮球事业的发展也迎来了自己的新时期。1993年原国家体委提出了我国体育运动改革的总目标，把由计划经济体制下的体育机制转变成适应社会主义市场经济发展形势下的新体制。在充分尊重体育竞技运动发展规律的基础上，形成以国家宏观调控为指导，引进社会力量作为生力军，建立自我发展、充满活力的现代体育运动体制。从此以后，我国竞技体育的发展进入了全新的探索模式：国家、社会与市场主体的共同参与，职业俱乐部、学校教育和社会企业的加入，使得我国篮球事业的发展进入到一个黄金年代。1998年，CUBA（大学生篮球联赛）联赛正式推行；2002年，WCBA（女子篮球甲级联赛）联赛成功举办；2005年，改革后的CBA（中国男子篮球甲级联赛）联赛成功运行把我国篮球事业的发展推向了一个新的高度。在这种形势下，我国篮球的人才培养工作呈现出以下一些特征：管理体制上，管办分离，在政府宏观调控下，由篮球协会负责具体规则的制定和实施；资金来源上，形成了国家投入、企业赞助投资和联赛积极创收的良好局面；培养模式上，俱乐部、学校培养和社会联合发展等多元化的篮球人才培养体制正在建立。

三、国外高校篮球人才培养模式的经验介绍

（一）美国模式

1. 管理体制介绍

美国在对待体育事业发展上面采取的是社会化的管理模式，政府没有

设立专门的体育部门，因此其对体育事业发展的行政干预较少。在体育人才的培养上，以大学培养为核心，大学是美国体育人才输出的最重要渠道。美国的各个体育联盟组织、奥委会、NCAA（全美大学生体育协会）等机构采用完全市场化的运行模式，使得美国在竞技体育比赛和人才培养方面都具有较高的效率，这也是美国能够称霸世界篮坛多年的关键因素所在。

美国联邦政府只有少数几个部门来间接地负责全国体育事业的发展，其职能主要体现在促进公众健康的身体活动教育、全民运动基础设施的修建等环节。美国高校的篮球运行模式主要是由非营利性的社会组织机构负责，运用市场化的管理方式和手段来调节美国高校篮球运动的发展，比如NCAA就是这类组织，政府对此行政干预较少。NCAA每年会向NBA联盟输送大量篮球人才供其挑选，成为NBA球员主要的来源渠道。

2. 培养模式介绍

以学校为主体进行篮球人才培养是美国篮球人才培养模式的典型特征，即从小学、中学、大学到职业篮球队的纵向一体化管理模式。在美国，从义务教育到大学的每一个阶段，各级学校都会重视对学生的体育训练工作，通过科学的"学训一体化"系统保证了学员在文化学习与体育训练两方面的协同发展。学生自身可以通过学校、社区体育场所和社会上的篮球兴趣班等形式来参加篮球的训练活动，然后再通过参加各级学校的篮球联赛活动来提高自己的篮球技巧和实战水平，其以"竞技比赛带动训练"的培养特征十分显著。在现役的许多NBA篮球明星中，多数人都是通过这一体系走进职业联盟的。在美国的篮球培养体系中，中小学是其基础，每年大约有200多万人参加了篮球的初级训练课程，占到了美国总人口的1%左右。大学是篮球人才培养的高级阶段，也是NBA联盟最重要的人才储备地。每一年的高校篮球招生时，全美3 000余所高校通过选秀可以招收50 000余名篮球队员。进入高校后，学校为优秀的篮球人才提供了不同层次的奖学金以保证其日常的训练和生活，其中约有一半的人可以打上大学生职业联赛，形成了纵向一体化的篮球人才培养模式。

（二）西班牙模式

1. 管理体制介绍

西班牙管理全国体育事务的最高机构为西班牙最高体育理事会，其理事会主席由首相直接任命,在管理全国体育事业的发展上拥有高度的自主权。按照《西班牙体育法》规定,其职权主要体现在:国家体育发展方针的起草和制定;修建体育场馆和相关设施以满足公民的基本体育活动要求;对各种大型体育赛事进行指导、组织、监督和宏观调控。西班牙的国家奥委会和各项体育赛事的运动协会都属于非政府组织,与西班牙最高体育理事会之间不存在任何的隶属关系,按照各自协会的相关章程来独立组织开展本领域的体育赛事。

西班牙全国划分为17个区,彼此之间在政治、经济方面享有高度自治权,反映到体育管理体制上也是如此。每一个地区都有各自的体育理事会,与西班牙最高体育理事会之间不存在隶属关系,每个地区都独立地开展本区的体育活动,最高理事会只有在对设计全国性的体育事务上,例如体育发展方针、赛制规则制定等方面享有管理权。

2. 培养模式介绍

西班牙篮球之所以能够在国际赛场的比赛中获得优异成绩,与其完备的篮球人才培养体系是分不开的。西班牙篮球人才培养的组织机构是俱乐部,实行俱乐部化的管理运行模式。西班牙人口总数较少,如果按照美国那种把学校作为篮球人才培养场所的模式显然不适合本国国情,于是西班牙有重点地把青少年的体育活动分成了两种形式:中小学体育—学校体育—全民体育;专业中小学体育—专业大学体育—国际竞赛体育。西班牙通过举办U16、U18、U20等不同年龄阶段的篮球联赛来选拔篮球人才。对于在其中发现的天才篮球运动员,就会在初级教育阶段结束后与俱乐部签订协议,进行专业化的篮球培养训练,如西班牙"篮球神童"卢比奥在15岁时就成为Joventut俱乐部的职业篮球队员。同时,在对篮球人才的文化知识和退役后的职业再教育等方面,西班牙政府都有严格的规章制度加以保障,使其在退役后也能够获得一份好工作,较好地融入社会中去。

(三)阿根廷模式

1. 管理体制介绍

阿根廷属于联邦制国家,全国共23各省和一个自治区,其政体与美国一致,实行三权分立。在现有的五十个政府部门中,主管全国体育工作的机构是阿根廷国务秘书处。与西班牙相类似,阿根廷政府主要负责全国性的大型赛事的制定、组织和协调工作,而涉及具体的体育训练安排和人才培养上则主要由各个体育专业协会来负责。国务秘书处设国家体育训练中心,各个体育协会的教练通过在这些场所进行的体育训练来选拔自己本专业所需求的专业人才进行培养。阿根廷篮球协会一个非政府组织机构,在法律规定的范围内,统管国内篮球比赛、人才培养等事宜。

2. 培养模式介绍

阿根廷的体育与教育部门是彼此独立的,有天赋的篮球运动员在很小的时候就进入篮球职业俱乐部来接受系统训练,所以俱乐部是阿根廷篮球人才培养的主要方式。阿根廷篮球俱乐部发展规模也在日益巨大。据相关数据统计显示,阿根廷共有篮球俱乐部 1 200 多家,男篮球队员注册有 30 800 人次,女篮球队员注册有 12 000 人次,这些有规模、有组织的大型俱乐部是阿根廷篮球后备人才培养的主要来源地。例如著名的国际篮球明星马努·吉诺比利在 18 岁时进入到职业俱乐部接受篮球的专业训练,21 岁开始闯荡意大利篮球联赛并取得优秀成绩,22 岁进入 NBA 联盟,成为世界顶级球星。他的同胞,篮球明星斯科拉也有着相同的经历。

在阿根廷,教育与体育是完全分开的两个部门,但是阿根廷政府也特别重视对于运动员的文化素质教育,其国内完善的公费教育体系保证了学员在训练的同时能够接收到良好的文化教育。阿根廷在篮球后备人才的培养模式上与西班牙类同,同样是采用俱乐部的形式,通过国内联赛来选拔优秀的篮球运动员。与其差别体现在,阿根廷不仅注重本国青少年篮球联赛的发展,还会把优秀的篮球人才输送到其他欧洲篮球强国的联赛中去进行培养,人才的流动性较强。目前,阿根廷有大批的优秀篮球人才效力于西班牙、意大利的各大篮球联赛,这种发达的人才培养模式使得阿根廷的篮球事业深受其益,终于在 2004 年的奥运会篮球赛场上问鼎冠军。

第三节 篮球人才培养对策

一、建立符合我国国情的篮球人才培养模式

我国的基本国情在于我们处于社会主义发展的初级阶段,人口基数大、资源底子薄,所以大力发展生产力是当前社会发展的主要任务。随着改革

开放的进一步深入，我国社会发展中的各行业和各领域也在悄然进行着转型。由工业社会向信息社会转变，由计划经济体制向市场经济体制转变等。在这样一个高速发生变革的时代下，各种体制的转变也势必会对现有的体育体制产生强烈的冲击，迫使其做出相应调整以适应大的时代环境。

为了适应新形势的发展，我国高校篮球人才的培养工作也要进行相应的变革。以国家宏观调控为主、以职业俱乐部作为补充、以高校培养为主体的多元化篮球人才培养模式应该建立起来。这种模式既可以保证我国篮球人才在训练过程中竞技水平的提高，也确保了篮球人才在文化素质教育方面综合素质的提升。同时，我们还要有用发展的眼光来看待篮球人才培养模式发展趋势的能力。纵观国际篮球发达国家的青少年篮球人才培养体制，虽然在具体的政策措施上会有些许差别，但基本上都是以学校培养和职业化培养相结合的模式为主，这是国际篮球人才培养模式发展的必然趋势。目前，我国篮球人才的培养模式是国家培养和职业俱乐部培养为主，而拥有巨大篮球喜爱者的学校却没有得到相应的重视。如果我们能把学校开辟成培养高素质篮球人才的一个新的基地，结合高校自身所具有的在培养人才上的得天独厚的优势，一定可以取得巨大的成效。所以当前的篮球人才培养工作应该向高校予以倾向，充分挖掘其在人才培养上的潜质。当然，任何的一种培养模式都不应该忽视文化教育对于学员的重要性。

第一，高校应该对在校学生的篮球专业素养进行增强，要狠抓基本功，要夯实理论基础知识，并把理论与实践相结合，只有理论与技术的完美结合，才能最大限度地发挥出运动员应有的水平，因此，高校应培育适应社会的高技术与扎实理论于一身的新时代人才。

第二，高校在选拔人才的时候要拓宽范围，尽可能地去搜集人才；在处理学训问题时，要以学生的发展前途作为第一考虑，再决定学生的学训时间比例；在高校篮球人才培养中学校要尽可能地满足训练需求，这样才能实施有效的训练。

第三，我们在篮球人才培养的过程中，要形成自己的训练体制，要有自己独立的训练思想；在培养过程中我们可以通过校企合作的形式增加训练的经费，保障训练有序的、持续的进行；篮球人才的培养不单是高校的责任，也是当前中小学的责任，他们也要在篮球人才培养这条道路上肩负起自己的职责,为人才的培养打下坚实的基础。

二、篮球人才培养中选拔体制改革对策

(一)小学—中学—高中—大学全流程阶梯选拔制度

1. 小学—中学阶段选拔

小学到中学阶段,运动员处于身体发育阶段,身体特征及专业技术体现还不明显,处于幼儿的运动员仅仅只是喜欢篮球运动,没有其他的相对明显优势。所以,在小学到初中这一时期通过篮球技能对学生进行运动员的选拔是非常不切实际的。这一阶段重要的是学生的兴趣培养,这个阶段是学生运动生涯长远规划的萌芽时期,是运动员的启蒙时期,对于开始从事篮球运动的孩子来说是非常重要的,应当以培养潜在运动员为主,从兴趣、身体和基本的篮球知识教育孩子,培养深层次的篮球信念。

考虑到我国实际国情,相对于绘画、围棋、乐器等特招生的招生方式,小学—中学阶段无法依靠标准的篮球考核标准进行运动员选拔,可以参考以下测试标准和制度进行:①基本身体素质,包括身高、臂长、往返跑成绩、肺活量、起跳高度等,这是目前阶段可以直接测量与篮球相关的指标,身体素质也是一名优秀的篮球运动员应该具备的基本素质,是影响运动员成绩的重要指标;②兴趣导向,即对篮球的兴趣、自身发展条件等;③篮球知识,即对篮球文化、篮球基本知识的了解,从简单的篮球基本知识入手,深入了解篮球相关知识,培养篮球兴趣,打好坚实基础。通过这些项目的考核,在小学到中学这一阶段选拔出具有一定篮球运动员发展潜质、拥有一定篮球知识并且对篮球有兴趣的青少年,在初中阶段就进行篮球运动员的初步培养。通过科学、体系的篮球运动员初级培养,在青少年阶段就开始让篮球运动员在篮球素养的培养、文化课学习的习惯以及健康人格发展打下良好的基础。

2. 初中—高中阶段的选拔

初中到高中阶段,原先的幼稚孩童已经成长成青少年,此阶段也是运动员训练时期的重要阶段。此阶段的运动员身体成长起来,各方面的条件也逐渐显露出来,加上小学期间的培养,初步具备篮球运动员的基本身体素质,对篮球也有浓厚的兴趣。此阶段是青少年身体和技术发展的重大阶段,所谓篮球的基本技术形成期就是指这个阶段。本阶段的篮球运动员,

除了注重篮球基本技能的培养，还需要看重运动员篮球素养的培养、文化课学习的习惯，最重要的是打造健康的人格和健康的心理。健康的心理状态是运动员成才的重要条件，学生篮球运动员的心理状态对其篮球训练和比赛有着重大的影响，所以，拥有良好的心态是运动员们获得优秀成绩的重要保障。

虽然此阶段的篮球运动员已经接触篮球技能训练，但还是处于基本功训练和简单的篮球团队技能训练，所以在初中—高中阶段，参考一下选拔篮球运动员标准：①身体素质，即此阶段身体基本情况，跟小学—初中阶段一样，包括身高、肺活量等，青少年阶段可以基本看出运动员身体方面的潜质；②基本篮球技能，包括篮球移动、传接球、投篮、运球和突破、防守等，通过观察动作的连贯性和熟练性，选拔具有潜力、可开发的学生；③成熟的心理素质，包括个性心理特征和运动心理素质。运动员的个性心理特征可以决定运动员对篮球的兴趣和热情，最好的类型是活泼型和安静型，热爱运动，反应快，沉着冷静，精力充沛等；运动心理素质主要是表现在动作的反应迅速和准确方面，运动比赛时心理平稳性和清晰度。通过以上项目的考核选拔，可以选出初中—高中阶段青少年中对篮球有激情、对篮球基本技能熟悉、有潜力的学生，同时他们的心理素质良好，方便以后的训练和参加比赛。在此阶段，会对运动员制定健康的训练教程和课程，包括科学的训练时间和强度、心理辅导训练等，为后期高中时期的强化训练打下坚实的基础，以更好的条件步入大学。

3. 高中—大学阶段选拔

高中到大学阶段的选拔是高校选拔高水平运动员最直接的环节，当前国内大多数高校都通过统一的高水平运动员招收程序进行选拔，基本思路是通过对申请高校的已经取得一定成绩的高水平篮球运动员进行进一步水平测试招收。有的高校设置篮球夏令营，通过在一定时期内对篮球运动员身体素质、篮球素养、技术水平的观察来判断是否符合高校招收篮球运动员的条件，以便于最终通过统一的高水平运动员招收程序更正确地进行选择；有的高校是直接报名并进行测试选拔。

由于高校招收篮球运动员周期基本是一年一次，考虑到时间上的局限性，运动员在不同时期的身体状态等因素，即便通过篮球夏令营等方式进行考核依然存在对于一些偶然情况下的不可控。为尽量避免偶然情况的发生，应当扩大交流与考核方式，在更长时间区间以及更多次的在高中到大学阶段进行高水平篮球运动员的考察。

1）开展高中—大学间篮球交流

通过高中与大学间的篮球活动的交流，提高高中篮球文化氛围，其作用有以下几点。

其一，提早发掘高中阶段具有突出水平的篮球运动员以便进行重点培养；

其二，促进高中篮球运动员对于大学的了解；

其三，提高篮球运动与高校的接触，帮助运动员和高校进行相互了解和选择。

2）加强高中和大学之间的对接和信息的沟通

建立大学与高中学校教练老师的联系，帮助高中和大学之间的信息沟通，使双方信息完全化，帮助明确高中时期运动员的方向和导向，也促使大学针对高中运动员的具体情况制定相应的培养计划和措施，有助于大学顺利招生和更好地培养运动员。

4. 全流程阶梯选拔

为了更好适应高校的培养要求和目的，进行从小学—初中—高中—大学的全流程阶梯选拔，从小抓起，根据各阶段学生运动员的特质和高校对运动员的身体、篮球技能和学业的要求，针对性进行培养和教育，对优秀优质的潜力运动员从小培养，层层选拔。这需将上述三个阶段的选拔结合起来，在小学阶段对学生进行启蒙教育，从身体基本素质、篮球知识和兴趣方面进行选拔，进入运动员人才库；初中阶段对运动员人才库的学生培养篮球基本技能和心理素质，最后从人才库中根据相应标准进行选拔；高中阶段，对初中阶段选拔的运动员进行大强度的篮球技能训练，培养整体的篮球能力，同时加强文化知识的学习，为进入大学做好准备。

这种全流程阶梯选拔，不仅可以对小孩进行教育培养，还可以使其从少年开始提升挖掘运动员的潜力，打好专业基础，后期培训就事半功倍。

（二）高中—大学—专业队双边匹配选拔制度

高校为了更好地选拔招收优秀的篮球高水平运动员，需要建立高中-大学-专业队双边匹配的选拔制度，从选拔运动员的文化要求、篮球素质和发展需要三个方面出发，使高校和运动员进行双向的匹配，形成稳定匹配。大学首先向高中选拔所需要的篮球运动员，根据双方的需求，需要唯一匹配；为了将来大学培养出来的篮球运动员可以和专业队的需求匹配一致，大学和专业队之间建立联系和沟通，使大学训练和培养篮球运动员的目的和方向需要和专业队的需求一致，这样形成完整的从开始选拔录取到最后分配一条龙的双边匹配选拔制度，不仅解决了选拔招生的问题，还可以解决高校篮球运动员毕业后的发展问题。

1. 双边匹配选拔原则

高校选拔篮球运动员的过程和程序需要根据一定的原则制定，建立高中—大学—专业队双边匹配选拔制度，需要遵循以下原则。

（1）德才兼备原则。德才兼备的原则是指在高校选拔篮球高水平运动员的过程中，必须注意从运动员的"德"和"才"两个方面去考核选拔，不可只重视一样，或者由于篮球运动员"才"华横溢而忽视"德"的重要性。对于篮球运动员"才"的考核，目前已经形成比较科学、合理的选拔方法，即对篮球运动员的文化素质和篮球技能素质进行考核，通过篮球技能测试和高考文化考试，就可以考核运动员的"才"。对于"德"的考核，由于是无形，所以考核起来比较复杂，应该通过访谈法和调查法进行综合考察。

（2）公正公开原则。公正公开的原则是指大学和专业队在选拔篮球运动员过程中始终要坚持公正公开的原则，不能受外界的不正当因素的影响，保证最终选拔结对所有篮球运动员是公平合理的。为了招收到优秀的篮球运动员，就需要保证选拔过程的公正公开性，使得篮球高水平运动员的选拔目的得以实现，选拔得到真正优秀的篮球运动员，选拔出与大学和专业队需求所匹配的篮球运动员。

（3）竞争择优原则。竞争择优的原则是指将竞争机制引入到篮球运动员的双向匹配选拔机制中，从若干个篮球运动员中选择最优秀，最适合大学和专业队的篮球运动员。对篮球运动员的选拔过程中肯定要有竞争，目前篮球运动员市场上供求不平衡，需要通过竞争，择优选拔录取。如果在篮球运动员选拔过程没有竞争机制，会导致篮球运动员不上进，缺乏激励刺激因素。竞争择优原则在篮球运动员和大学、专业队之间符合匹配要求的情况下，择优录取。

（4）能力匹配原则。能力匹配原则只是大学和专业队在选拔篮球运动员过程中，看重的是篮球运动员与高校、专业队需求的能力相匹配的原则。

在选拔篮球运动员时，看重的是运动员自身的文化能、篮球技能和心理素质能力，选拔出来的篮球运动员必须是其能力与高校所需要人才的能力相匹配，这样后期的培养教育才会顺利发展。

2. 双边匹配选拔方式

双边匹配的选拔属于普通招生选拔的一种，但是又有自己的独特特点。双边匹配选拔方式除了普通招生的一般选拔方式以外，还有其独特的选拔方式，主要包括以下几种选拔方式。

（1）体育测试加考试方式。这是目前最常用，也是最普遍的一种选拔方式。篮球运动员首先根据自身了解的高校的信息，选择心中所向往的高校，并向报名参加高校的选拔。所以，高校会组建体育篮球测试委员会，安排时间、地点，对报考本校的篮球高水平运动员进行基本篮球技能素质测试，按照学校规定的标准，通过的运动员才有资格进去高校。体育测试只是第一步，这个是测试运动员的篮球技能水平是否与高校的要求相匹配，这个阶段过后就是考试阶段，即运动员参加的高考。通过高考的成绩可以看出运动员的文化素质水平，达到高校的分数要求后，才是真正被录取。高考的文化成绩可以反映篮球运动员的文化素质和心理素质，通过这种考核方式，选择与高校文化要求相匹配的运动员，达到稳定匹配。

（2）教练推荐方式。实现双边匹配，还可以通过教练推荐的方式。教练就像是运动员的第二个父母，从小就开始对运动员进行教育和锻炼，对运动员的各方面都很熟悉，包括运动员的篮球基本技能、文化水平、性格特点和心理情况等。高校和专业队可以直接找教练说明自己的所需要的运动员的素质和要求，教练根据了解双方的信息，进行合理的推荐和匹配。通过教练推荐的方式，过程简单，节省大量的财力和物力，也可以达到双方匹配的作用，但是存在一定的人情风险，高校和运动队还是需要对教练推荐的运动员进行一定的素质测试，保证选拔稳定匹配的篮球运动员。

（3）球探发现模式。球探发现模式类似于教练推荐模式，但是也有不同。球探并不是教练，他是一种单独的职业，他存在于大学里面，而教练属于中学。球探的任务就是去各个中学发现优秀运动员，为大学推荐优秀运动员。当球探在中学发现优秀运动员，并将优秀运动员介绍给各个高校，提供高校人才信息。运动员提前去各个高校参加试训，以便高校更好地了解运动员的基本情况。通过球探介绍和试训，高校愿意接收此运动员，会给出相应的承诺，那么运动员中学毕业后将进入本高校学习，如果学校没有给出承诺，运动员还是可以选择其他高校。国外的联络网模式，就有一种形式是"中学篮球运动员—球探—大学"，通过联络网模式，优秀运动员和高校之间的桥梁也越来越直接，有利于中学优秀运动员方便快捷进入理想高校学习。

（4）运动员直接推送。运动员直接推送是指在篮球表现方面相当出色的队员，在联赛中取得良好成绩，高校和专业队的教练直接看重其能力，就对运动员直接选拔录取。这种方式，高校和专业队占主动地位，对相当优秀的人才，直接上门引进。此种方式还需要得到运动员的认可，不然只会出现单方面的匹配，而没有达到双向匹配，不会形成稳定的匹配关系。

3. 双边匹配选拔制度设计

双边匹配选拔制度需要根据高校、专业队和运动员的实际情况，制定关于选拔原则、方式、流程等一系列内容。为了有效实施高中—大学—专业队的篮球运动员双边匹配选拔，制定了以下制度。

（1）坚持国家体育委员会和高校管理相结合的原则。除了遵循上文提到的相关原则外，高校对篮球高水平运动员的选拔工作需要有国家体育委员会参与管理，包括统一标准的制定等，确保各高校按照要求选拔篮球高水平运动员。

（2）严格落实按照标准选拔，不允许未达到要求进入高校就学的现象出现。双边匹配选拔是高校为了选拔到和自己要求相匹配的篮球运动员，不能因为其他的外在因素破坏这个目标。

（3）高中—大学之间做好学校之间交流工作，确保能够更加详细了解篮球运动员。高中学校了解篮球运动员在学校上学的各方面情况，对篮球运动员的优势和劣势也很清楚，大学和高中之间要保持密切联系，确保招收的篮球运动员是最佳匹配的。

（4）高校选拔篮球高水平运动员要严格控制人数，避免出现大量选拔人员，打乱高校的教学质量和氛围。

双向匹配制度的系统中，增加球探这一角色，能够通过人员的自主性进行匹配，这是借鉴美国的传统做法，也是利用互联网进行双向匹配系统的补充。当然，联络网系统不仅仅包括"中学篮球运动员—球探—大学"

的形式，还包括"中学篮球运动员—高校篮球运动员选拔系统"的形式，通过网络进行匹配，有效选拔高校篮球运动员。建立完善的双边选拔制度，完善我国高校篮球运动员的选拔制度和工作，有利于高校招收到稳定匹配的篮球运动员，也为国家输送更优秀的运动员，为国家体育事业做出重大贡献。

（三）建设国家高校篮球运动员选拔信息平台

国家高校篮球运动员选拔信息平台是在考虑到对篮球后备人才科学选材的前提下，依靠双边匹配制度理论，将高校篮球队对篮球后备人才的需求同篮球后备人才对篮球训练、发展以及文化课学习的需求进行协同匹配并达到在全国范围内能够高效科学的为篮球后备人才选拔提供支撑的系统。

国家高校篮球运动员选拔信息平台通过篮球运动员信息模块的子系统，收集并记录篮球后备人才在竞技比赛、生理指标、篮球技能方面的数据。收集并记录的关于竞技成绩的数据有助于客观观察篮球后备人才在实际竞技活动中的临场表现，收集并记录的生理指标有助于全面了解篮球后备人才的各项生理要素的发展情况，篮球技能指标主要通过篮球技能测试来检测篮球后备人才的各项运动技巧的水平，文化成绩记录系统对篮球后备人才的学业情况进行记录，通过跨时间维度的全面信息记录将篮球后备人才的素质进行全面的呈现。

双边匹配模块以高校篮球队的需求发起作为驱动，高校篮球队在需求系统中参照自身发展需求及名额设定需要选拔的篮球后备人才类型和标准，并通过篮球队申请资格审查系统对系统中篮球运动员的各项指标进行审查，通过审查的篮球后备人才将根据自身情况在运动员需求系统中提出自身需求，对高校运动队水平、规模、待遇及高校专业培养等情况进行选择，双边需求顺位匹配系统将根据篮球队需求、运动员需求进行需求的双边匹配计算。

选拔协定模块在双边匹配模块的基础上，通过建议匹配名单参考系统为高校篮球队和篮球后备人才提供一份满足双边需求的名单，按照双边需求篮球队将获得一份满足或部分满足其选拔要求的篮球运动员的名单，同时篮球后备人才也将获得一份其具备申请资格并满足或部分满足其运动发展和专业学习的高校名单。在双边获得参考名单后，通过双边选择意向协定系统在一定时间内完成录取意向的达成，双边选择意向均同意选择后，则完成高校篮球运动员后备人才的选拔。

按照三大模块和各个子系统的功能设计，在经过若干轮的协定后，高校篮球队和篮球后备人才都能找到满意的选择对象。

国家高校篮球运动员选拔信息平台的建设意义在于通过信息平台的选拔方式，完成体教结合的篮球运动员选拔，完成全国范围内的最优资源配置，完成高效的篮球运动员选拔工作。这将突破传统篮球运动员选拔受到地域限制、选拔科学性无法保障、选拔机制无法保障等问题。

（四）建设国家篮球运动员选拔监管机制

高校篮球运动员招生选拔是国家篮球运动员队伍建设的第一个环节，也是重要环节之一。国家开放高校试点选拔高水平运动员以来，也开办了篮球项目运动员的选拔活动，国家教育委员会赋予部分高校招收特殊运动员的权力，但由于缺乏国家篮球运动员选拔监管机制，出现很多问题。首先，国家没有给定统一的标准，各个高校选拔招收的篮球运动员自行制定标准，各自为政，因此高校间招收的运动员能力都参差不齐。有些高校通过"关系户"和"走后门"招进许多关系生，导致高校后期的教育、培养、管理存在很大难度，形成不良的风气，降低我国高校篮球运动员的整体质量。同时，高校的教练员在功利的诱惑下，急于行事，运动员的成绩好坏直接与其奖金、晋升相联系，只看到短期利益，没有放眼长期利益。教练们因此只重视培养篮球运动员的比赛技能，或者在运动员少年时期就给以专业化和成年化训练，从而忽视了篮球运动员青年培养篮球运动的系统性、长期性，导致运动员没有打好基础，这表现在我国现阶段许多青少年篮球训练中。没有有效的国家篮球运动员选拔监管机制，高校、教练甚至是运动员自己会钻制度空子，为了自己眼前的利益，做出违反长期可持续发展的行为，导致许多问题的发生。由此看出，建设国家篮球运动员选拔监管机制是非常有必要的，它从源头杜绝问题的发生，保证国家高校有效地培养大学生篮球运动员，也为国家的篮球运动员建立优秀的后备军。

1. 对选拔机构的监督

国家篮球高水平运动员选拔的机构涉及很多方面，主要包括教育部体育主管机构和各大高校体育部。教育部体育主管机构是我国学校体育工作的最高权力部门，同时也是高校选拔教育高水平运动员的行政领导。一般而言，教育部体育主管机构对高校也起到监督的作用，但是为了完善我国篮球高水平运动员的监管机制，在以下方面需要采取措施。

（1）健全行政监管机制。国家应该从宏观角度实现对建设国家篮球运动员选拔机构的监督管理，最主要的是健全国家的行政监管机制。教育部体育主管机构和各高校体育部在对国家篮球运动员的选拔上的角色不一样，各自的职能不一样。首先，应该明确各方面的职责分工，加强相互的的沟通和协调。在现有的行政监管体制上，加强各部门、各高校的协调和沟通，在国家出示的相关政策和规定上，充分发挥各机构的作用，避免出现监管漏洞。同时，详细划分部门职责，避免出现监管部门内部之间相互推诿的现象，导致监管盲区。其次，国家应该扩大监管的力度，加强监管队伍。国家应该加大投资扩大监管力度，包括对监管人员的专业技能培训等，保障我国篮球高水平运动员选拔的公正公平性，监管各个选拔机构在选拔篮球运动员时严格按照要求选拔，避免出现违法违纪的行为。最后，教育部的职能部门制定全国统一的分数，规定各个高校必须严格按照分数线进行选拔录取，不得随意降低分数，加强监管力度。

（2）完善激励机制，加大惩处力度。针对我国目前存在的某些问题，采用完善的激励机制监管高校选拔篮球高水平运动员。完善高校教练员和体育部的激励机制，避免高校体育部和教练员为了自己的私利钻政策漏洞，做出违反规定的行为。教练员和高校体育部选拔和培养的篮球高水平运动员的成绩和表现，直接与其对应的相关利益挂钩。一旦发现违反国家规定，对篮球运动员不按要求进行选拔，走"关系户"等行为，应加大惩处力度，不能姑息，使其他高校体育部与教练员引以为戒。

（3）建立知情人举报制度。对高校篮球运动员选拔机构的监管，还需要群众的力量。国家建立知情人举报制度，对选拔篮球高水平运动员机构有违规行为知情人员，可向相关部门进行举报，发现情况属实，进行适当的奖励。群众人数多且力量大，特别是篮球高水平运动员选拔机构的违规行为，可能直接伤害某些群众的利益，更能激起群众的举报动机。有了群众帮助监督，加大了对篮球运动员选拔机构的监管力度。

2. 对运动员的监督

在篮球高水平运动员选拔过程中，不仅要对选拔机构进行严格的监管，还需要对运动员进行监督。运动员们为了进入自己梦想中的高校，也为了寻求高校中优质的资源和训练条件，在自身没有达到要求和标准的情况下，通过行贿、走后门等方式，做出违规行为，破坏整个篮球运动员选拔过程和秩序。所以，国家应该采取相应措施，加大对篮球运动员选拔过程中运动员的监督管理。

（1）加强建立诚信道德体系。运动员从灰色地带出发，想通过非一般的途径进入高校，走法律漏洞，最主要还是其道德诚信的缺失。没有诚信道德，才会为了自己的私利不择手段。那么，国家应该加强建立诚信道德体系，从小学选拔篮球运动员时候，加强各运动员的诚信道德教育，大力宣扬诚信美德。同时，向其警示违反诚信道德的行为获得的下场，提高运动员自身的诚信意识，增强运动员的法律意识。

（2）加强运动员选拔管理。运动员之所以可以钻漏洞，走后门，主要是因为国家高校篮球运动员选拔标准的不严谨、要求不严格造成的。国家教育部制定统一的篮球运动员的选拔条件和要求，要求各个高校按照统一的标准选拔篮球高水平运动员，对不符合要求和标准的运动员做到坚决不能被高校录取。将要求和标准定量化，方便测量和衡量，避免运动员找寻漏洞，完善整个选拔管理制度和标准。

（3）建立知情人举报制度。此项监管措施跟选拔机构监管措施类似，需动用广大人民群众的力量，加大社会监督和舆论。

3. 对选拔流程的监督

整个国家高校篮球高水平运动员选拔过程中，选拔流程直接影响选拔运动员的质量和选拔秩序。上文叙述了国家对选拔机构和运动员的监督，对整个选拔过程中选拔流程的监督也是非常重要的。

（1）规范招生程序。首先，在大学生体育协会的宏观控制下，需要对报考高校篮球运动员的学生进行报考资格认证，确认资格合格后才可以参加学校报名；其次，参加高校统一组织的篮球技能测试考核，通过的运动员与高校签订意向书；最后，参加高考，通过文化分数线的运动员才可以去高校报道学习。这是整个篮球高水平运动员的选拔招生程序，必须严格执行，所有的高校选拔招收篮球运动员必须经过所有的相关程序。

（2）教育部规定篮球高水平运动员选拔的标准和规范。在整个篮球高水平运动员的选拔招生程序中，高校不能采取不同的篮球运动员选拔标准和规范，如果各个高校采取不同的标准，这样会打乱国家整体的选拔流程，不利于选拔的公正、公平，也为钻空子的运动员和教练员提供了条件。所以，国家规定篮球高水平运动员选拔的标准和规范，有效地对篮球运动员选拔流程进行监督和管理，避免出现不必要的问题。

三、篮球人才培养中训练体制改革对策

（一）注重理念创新，理顺篮协与俱乐部的关系

篮协应转变传统的经营观念，切实突出自身对篮球俱乐部的服务和指导作用。我国篮球改革处于起步阶段，可谓机遇与挑战共存。要逐步提升我国篮球运动的整体水平，就应坚持走社会化、职业化发展道路，要通过体育市场予以实现。改革应以转变观念为基础，坚持社会主义市场经济理论的正确指导，将市场经济与篮球运动发展的规律作为行为准绳，切实转变行政主管部门的职能，实现运动水平全面提升、篮球产业和谐发展的基本目标。与此同时，应重视资产和行政管理，政府应搞好宏观调控，逐步放开对俱乐部具体事务的干预；要完善法律章程及相关法规，实现对俱乐部的管理规范化、经营科学化，为职业篮球俱乐部提供和谐的外部环境。

（二）改革当前训练体制，培养强大的篮球运动员后备力量

训练体制改革应以竞赛为先导，注重职业俱乐部的自身建设；要加大法制建设力度，推动改革健康有序地进行。现阶段，CBA 职业联赛处于高速发展时期，钱澄海篮球俱乐部（北京）、丛学娣篮球俱乐部（上海）等国家非职业篮球也极为踊跃，他们运用各自的优势，吸纳了大批篮球爱好者，拓宽了篮球苗子的培养途径，同时也推动职业篮球走上职业化发展道路，这种职业篮球与非职业篮球长期共存的发展格局已逐步形成。我国培养篮球运动员后备力量，应坚持走学训相结合的道路，要以学校培养为主，以俱乐部培养为辅，逐步转变当前的训练体制。如此一来，才能为我国篮球俱乐部输送更多文化素质高，技战术强的篮球后备人才。

（三）注重培训与考核，深化改革竞赛体制

篮球协会及篮球管理中心应定期培训和考核教练员的训练技能。应制定和实施全面的教练员培训制度，将优秀的篮球科研人员分配到运动队中去，积极配合篮球运动训练，使运动训练更加规范化、标准化。此外，应重视竞赛体制的革新，促进比赛数量与质量的同步提升。自篮球体制改革以来，我国篮协便明确提出了在探索中总结，注重立法和完善的改革方针，

将传统的赛会制转变为竞赛制（赛会制、赛季制相结合），通过举办各种优质、量足的比赛来发挥市场潜力，推动篮球事业稳步向前发展。

（四）普及篮球运动，提高篮球技术水平

随着社会的不断进步，篮球运动越来越受到社会关注，篮球人才也在逐渐增加。为提高篮球技术水平，培养更多篮球人才，篮协应积极参考NBA的人才选拔方法，适当增加甲级队的数量，在逐步缩短各队间差距的同时，提高比赛的对抗性与队员的持续作战能力。要通过各种宣传、组织形式，让更多年轻人了解和参与篮球运动，使篮球运动得到全面普及；同时，应将（CUBA）大学生联赛和乙级联赛综合起来，缩短大学生球员和专业队在竞技水平上的差距。此外，篮球训练管理应由原来的经验型转变为科学型，由人治转变为法治，通过科学、系统地训练，来激发教练员及运动员们的积极性，形成强烈的职业理念。

四、篮球人才培养中保障体制改革对策

（一）积极引进先进管理经验，提升管理理念

在篮球人才培养管理机制建设中，要积极借鉴和学习国外的先进管理经验。如美网的体育管理采用的是典型的社会主导型管理体制，美国大学生体育联合会作为美国高校竞技体育的管理机构，有着完善的组织机构和科学的管理理念。具体来说，美国这种先进的管理理念对我国篮球人才培养管理机制的完善建设主要有以下几方面的启示。

第一，提升管理理念，促进政府主导型管理模式向社会主导型管理模式进行转变，应该学会类似采用大学生体育协会的管理方式。

第二，完善大学生体育协会的组织机构和职能，加强对篮球人才训练的管理，建立起有利于运动员训练和培养的教练员轮流管理制度。

第三，处理好篮球人才的训练管理和教育管理之间的矛盾，通过加强普通大学生与篮球运动员之间的交流和合作、统一管理等方式来提高篮球人才的训练管理和教育管理水平。

第四，加强对篮球运动员招生管理工作的监管，建立和完善招生管理的专门机构，使篮球招生工作更加科学化、规范化和程序化。

此外，体育行政部门要积极转变职能，加强政策引导、组织协调，建立灵活多样的调控机制。加强对后备人才培养单位的管理，健全和完善各

项规章制度。同时，管理部门还要在政策上向篮球训练倾斜，奖励成绩突出的学校。

（二）增加资金投入，改善篮球训练的物质条件

经费不足是篮球后备人才培养面临的重要问题。对培养篮球人才的学校来说，由于自身的经营能力有限，场地设施无法满足篮球训练的需要，物质条件的严重匮乏，直接影响了篮球人才培养的健康发展。因此，要改变以往单靠学费或教委、体委投资以及社会赞助等单一的资金投入方式。政府部门应该积极给予在政策上的支持，同时学校要积极转变观念、改变思路、广开财资、扩大渠道，以改善学校篮球人才培养的经济条件，从而为篮球学校的训练管理工作提供物质保障。

（三）加强教练员队伍的建设，提高训练水平

在篮球人才培养过程中，教练员处于主导地位，因此要重视教练员的能力培养，加强教练员队伍的建设，不断提高他们的专业水平和训练水平。主要应做到：建立严格的上岗制度，将教练员的培训归纳到教练员上岗资格的考核指标；教育行政主管部门要了解教练员的实际需要，为他们创造培训的有利条件；重点培养有责任感的教练员，提高其理论水平，使其学会科学的训练手段；选择文化水平高的教练员，这些教练员具有较系统的基础理论和专业理论知识，有利于篮球人才培养；重视培养和引进高水平的教练员，提高训练质量和技术创新；改善教练待遇，调动他们训练的积极性。

（四）构建评价体系，提高篮球人才培养质量

目前，由于现代篮球人才培养在选拔人才、训练效果、管理效果、竞赛成绩等过程中未能建立其完善的评价体系，从而影响了篮球人才的培养工作实施的科学性，因此，要构建一套完整评价体系，对篮球人才培养工作进行科学指导，以提升篮球人才培养的质量和水平。

在构建篮球人才培养评价体系中，主要应做到以下三点。首先，通过在国家社科基金项目、国家体育总局项目、地区社科基金项目等课题指南上增设篮球运动队人才培养评价体系的相关研究项目；其次，通过校级课题立项形式，加强对地区运动队人才培养评价体系建设的研究；最后，通过鼓励地区篮球运动队的开展进行个案实证研究，以检验地区篮球运动队人才培养评价体系是否科学、合理。

（五）拓展群众参与篮球运动的基础

一个国家能否成为篮球强国，并不在于其能够在国家大赛上取得怎样的成绩，而在于这个国家是否具有良好的群众运动基础，是否把篮球运动作为他们日常生活的一部分加以喜爱。如美国的 NBA 之所以能够成为世界顶级篮球赛事，与其国内拥有众多喜爱篮球运动的人们有密切联系，街头篮球文化的发展是其根源。多数美国人会在工作后走上街头参加篮球运动。许多优秀的人才也是在这里被发掘出来的。

篮球人才培养的源泉来自青少年，因此在扩大篮球群众基础的同时，要特别注重对于多青少年篮球爱好的培养工作，从小引导他们接触篮球，培养对篮球运动的兴趣爱好。各个相关体育职能部门要开展一系列有助于培养青少年篮球爱好的体育活动，例如举办各级年龄阶段的夏令营活动，这项活动的范围不能仅仅局限于城市地区，要把广大的农村青少年儿童也纳入这个体系中来，在资金和设备的投入上予以倾向，吸引全国广大青少年加入的篮球运动中来；比如举办趣味性的篮球比赛，降低其竞技性，提高其娱乐性，使青少年投入其中后能够享受到篮球运动带来的快乐，而不仅仅是个人比赛的成绩。此外，我们可以效仿国外成立各个年龄阶段的俱乐部来专门培养发现的优秀篮球人才。俱乐部与学校之间保持合作，对学员的训练和文化教育各司其职，为培养高素质、高水平的篮球人才通力合作。

随着我国经济的快速发展，人们生活水平的提高，对于培养健康生活方式的关注度也在与日俱增。以此为契机，推动篮球运动在我国的普及，让更多的人喜欢篮球，参与到篮球的运动中来，对于我国未来篮球人才的培养以及篮球事业的健康发展都是极为有益的。

（六）培养健康向上的篮球体育文化

篮球文化是长期从事篮球相关活动的运动员、教练和球迷等群体所形成的篮球观念和行为活动。篮球文化特征体现在它的群体性上。篮球是一项群体运动，按照群体共同遵循的一套规则和行为模式而开展活动，它虽然独立于个体之外，但是对于培养个体的团队合作意识、球员彼此间的信任度等方面发挥着巨大的作用。

同样，篮球文化的产生也与其所处的历史文化环境有关联。在我国传统文化中，一直所遵从是谦和、礼让、淡泊明志等观念，这与强调身体对抗、竞争和追求荣誉的体育精神相悖,不利于我国篮球事业的长远发展。所以在日常的篮球人才培养过程中,要对球员灌输一种在比赛中强硬的态度和舍我其谁的霸气,努力打造具有我们中国特色的篮球体育文化。当然,这并不等于说传统文化对于竞技篮球的发展没有丝毫帮助,恰恰相反,我们就是要扬长避短,把传统文化中适合篮球运动健康发展的积极因素融入人才的培养工作中去,使传统文化可以更好地为我国篮球事业的发展所服务,创造出一种全新的、具有我国特色的篮球体育文化。

第六章　篮球人才培养途径

在我国经济体制改革的当下时刻，对待篮球人才的培养工作也要做出相应的变革，由行政培养模式向学校培养模式的转变是其必然出路。一个健全的体育人才培养机制必须能够最大限度地发挥其功效，如果在面临困境时拿不出强有力的解决策略，那么这一体系就是无效的，其发展也必将陷入混乱状态。学校体育教育是我国在培养体育人才上战略变革的主战场，学校体育人才的培养能否获得期待的那般成功直接关系到我国竞技体育未来的发展趋势。为了充分了解和发掘高校在培养篮球人才方面所具备的条件和潜力，缓解我国篮球人才"后继无人"的尴尬处境，必须形成由"小学—中学—大学"的学校篮球人才的梯队培养体系。

第一节　篮球人才技术能力培养

篮球技术是指在篮球比赛中，运动员为达到战胜对手的目的，合理有效地运用各种进攻与防守的专门动作、方法的总称。它是在长期运动实践中积累、发展起来的动作体系，是按特定的顺序和环节组成多种多样的动作方法，其结构是以人体生物学原理及篮球规则为依据，强调实效性并存在个体差异性。

篮球技术动作分类，主要是根据技术动作的攻、守属性和技术动作在比赛中的作用，以及技术动作的结构相类似的特点。按篮球技术动作的攻、守属性分类，篮球技术分为进攻技术和防守技术两大类。

一、篮球运动进攻技术

篮球运动进攻技术有移动，传，接球，投篮，运球，抢篮板球。防守技术有防守基本动作、移动、抢球、打球、断球、封盖、抢篮板球。每项技术又有多种动作方法。在本书当中主要介绍基本进攻和防守技术，即移动，传，接球，运球，投篮，持球突破等几个环节。

（一）移动

移动是队员在比赛中为了改变位置、方向、速度和争取高度所采用的各种脚步动作的总称。队员在球场上需要保持一个既稳定又便于移动的站立姿势，以利于迅速、协调去完成各种攻守技术。移动技术动作方法如下所述。

1. 启动

启动是队员在球场上由静止状态变为运动状态的一种起始的动作，是获得位移初速度的方法。在进攻中运用启动摆脱防守和防守中看住对手，保持或抢占有利位置。

动作方法：从基本站立姿势开始，启动时，身体重心向跑动方向移动，以后脚（向前启动）或异侧脚（向侧启动）的前脚掌突然用力蹬地，同时上体迅速前倾或侧转，手臂协调地摆动，充分利用蹬地的反作用力，迅速向跑动方向迈出。启动后的两三步要短促而迅速地连续蹬地，并与快速摆臂相配合，使之能在最短的距离内将速度有效地发挥出来。

2. 变速跑

变速跑是队员跑动中利用速度的变换来争取主动的一种方法。加速跑时，要利用两脚突然短促而有力地连续蹬地，加快跑的频率，同时上体稍向前倾与手臂相应地摆动加以配合；减速跑时，利用前脚掌用力抵地来减缓快跑的前冲力，同时上体直起，保证身体重心的后移，从而降低跑速。

3. 变向跑

变向跑是队员在跑动中以突然改变方向来摆脱防守或堵截进攻的一种方法。变向跑时（以从右向左变方向为例），最后一步右脚着地，脚尖稍向内扣，用前脚掌内侧用力蹬地，屈膝，腰部随之左转，移重心，左脚向左前方跨出，这一步要快，右脚迅速随着跨出，继续加速跑动前进。

4. 急停

1）跨步急停（两步急停）

在快速跑动中采用急停时，需先向前跨出一大步，用全脚掌抵住地面，迅速屈膝，同时身体稍向后倾，转移重心，减缓向前冲力，然后连贯地跨出第二步。脚着地时，脚尖稍向内转，用前脚掌内侧蹬地，两膝弯曲，身体侧转（右脚跨出第一步，身体右转），微向前倾，重心落在两脚之间，两臂自然张开，协助维持身体平衡。动作要点：第一步脚掌抵地屈膝，上体侧转移重心；第二步用力抵地体内转，臀下坐降重心。

2）跳步急停（一步急停）

在跑动中，用单脚步或双脚起跳（离地不高），上体稍向后仰，两臂自然摆动，两脚同时平行（略比肩宽）落地。落地时用全脚掌着地（或先用脚跟着地迅速过渡到全脚掌着地），两膝弯曲，两臂屈肘微张，保持身体平衡。

（二）传球

传球是篮球比赛中进攻队员之间有目的地转移球的方法，是进攻队员在场上相互联系和组织的纽带，是实现战术配合的具体手段。传球技术的好坏将直接影响战术质量和比赛的胜负。准确巧妙的传球能打乱对方的防御部署，创造更多、更好的投篮机会。传球的技术动作是多种多样的，既有双手的，也有单手的。双手传球能控制动作的准确性，而单手传球则具有飞行速度快、动作简捷灵活、隐蔽多变的特点。

1. 传球技术的动作结构

传球动作方法是由持球手法和传球动作组成的。

（1）持球手法。持球手法分为单手持球和双手持球两种。

① 单手持球方法：手指自然分开，用手掌外沿和指根以上部位托球，手心空出。

② 双手持球方法：两手手指自然张开，拇指相对成"八"字形，用指根以上部位拿球的两侧后方。

（2）传球用力方法。传球动作是由全身协调用力，最后通过手腕、手指动作完成的。中、远距离的传球，主要靠前臂的伸、摆和手腕、手指的用力，而手腕、手指用力是传球中最主要的动作。传球时，手腕、手指的翻转、前屈以及手指的用力对球的飞行方向、速度、路线和传球到位有着控制作用。手腕、手指力量作用球的正后方，则球飞行方向是向前，而且是平直的；手腕、手指力量作用于球的后下方，则球飞行方向是前上方，而沿弧线飞行的；手腕、手指力量作用于球的后上方，则球向下方击地成折线弹出（反弹球）。在球即将离手的一刹那，用力越大，发力越快，即手腕翻转、前屈和手指用力拨球越急促，则作用于球的力量就越大，球飞行的速度就越快,反之球飞行的速度就越慢。故巧妙地运用手腕、手指力量是提高传球技巧的关键。

2. 传球技术的动作方法

(1) 双手胸前传球。双手胸前传球是一种最基本、最常用的传球方法。这种传球迅速而有力,可在不同方向、不同距离中使用,而且便于和投篮、突破等动作结合运用。两手手指自然分开,拇指相对呈"八"字形,用指根以上部位持球的后下方。手心空出,两肘自然弯曲于体侧,将球置于胸前部位。身体呈基本姿势站立,眼睛注视传球目标。传球时,后脚蹬地,在身体重心前移的同时,前臂迅速向传球方向伸直,手腕翻转,拇指用力下压,食指、小指用力拨球将球传出。出球后身体迅速调整呈基本站立姿势。传球的距离越近,前臂前伸的幅度越小。远距离的传球,则需要加大蹬地、伸臂和腰腹的全身协调用力,而且传球距离越远,蹬地、伸臂的动作幅度就越大。

(2) 传球技术的运用。在比赛中,传球经常是在严密防守的情况下进行的,而有利的接球机会,往往是短暂的,持球队员为了不失时机地将球传给处于有利进攻位置的同伴,达到进攻目的,传球时应注意下述几点。

① 传球队员要全面观察场上情况,在后场由防守转入进攻时,要先看前场再看后场,首先争取长传快攻的机会;在阵地进攻时,应先看内线,再看外线队员,首先是争取内线的有利进攻机会。

② 持球队员要准确判断,及时捕捉传球时机。当同伴摆脱对手,抢占有利的进攻位置,持球队员要及时地将球传给同伴,要求人到球到。

③ 当持球队员错过良好的传球时机时,不要停球过长,应在传接球的移动中,继续组织进攻配合,耐心地寻找有利的传球时机。

(三) 运球

运球是持球运动员用手连续按拍借助地面反弹起来的球的动作方法。运球是篮球比赛中持球运动员移动的手段,它不仅是个人摆脱防守进行进攻的方法,而且是组织全队进攻配合的桥梁,并且对发动快攻、突破紧逼防守都起着较大的作用。

1. 运球的技术动作分析

两脚前后开立,两膝微屈,上体微前倾,眼睛平视。非运球手臂屈肘平抬,以便保护球和维持身体平衡。运球时脚步动作幅度和下肢关节的角度随运球的速度和高度的不同而有所变化，速度快时，则脚步幅度大，反之则小。运球时，手指自然张开，用手指和指根以上的部位及手掌外缘接触球（手心空出）。运球动作随比赛情况而有所不同，低运球时以腕关节为轴，前臂做屈伸动作快速拍球，高运球时以肩关节为轴用力拍球，当球从地面反弹起来时，用屈前臂、伸腕和手指的动作缓冲球向上反弹的力量，以控制球的反弹高度、速度和角度。由于手按拍球的部位不同，球向地面的入射角不同，球从地面反弹起来的反射角也不同；由于手按拍球的力量不同，球从地面反弹的高度和速度也不同。在原地运球时，手按拍球的正上方，行进间运球时，手按拍球的后上方，向左、右变方向运球时，手按拍球的左、右两方。

2. 运球的技术动作方法

（1）体前变向换手运球。体前变向换手运球是运球队员利用突然改变运球方向来突破防守的一种运球方法。这种方法多用于对手堵截运球前进路线。

动作方法：以运球队员右手运球向对手右侧突破为例。先向对手左侧快速运球，当对手向左侧移动堵截时，运球队员突然变向，用右手拍按球的右侧后上方，并靠近身体向左侧送拍球，使球落在身体的左侧前方反弹，右脚迅速向左侧前方跨出，上体左转并前倾探肩，换手拍按球的后上方，加速运球突破。

（2）背后运球。背后运球，即在身体的后方运球，这样可以用自己的身体作为天然的保护屏障。在实战中，背后运球可以防止对手的抢断，借机可以观察场上的动向。以右手运球，向左侧变方向为例。变方向时，左脚在前，用右手将球拉到身后，迅速按拍球的右侧后方，将球从身后拍至左脚的侧前方，并立即换左手运球，左脚迅速向前跨出，加速前进。

（3）胯下运球。胯下运球是指在运球的过程中运球穿越胯下，使对手难以抢断，是一种很有效的运球方式。以右手运球为例，变向时，左脚在前，右手按拍球的右侧上方，使球从两腿之间穿过，右脚向左前方跨出，换左手运球继续前进。

（4）运球转身。当对手逼近，并堵截运球一侧时，可利用运球转身，改变运球路线以摆脱防守。以右手运球为例，当对方靠近自己右侧时，变向以左脚为中枢脚做后转身，然后换左手运球，从对手的右侧突破。转身时要降低重心。拉球的动作与转身动作一致，才能收到好的效果。

（四）投篮

投篮是队员将球投入篮筐而采用的各种专门动作方法的总称。它是篮球比赛中有效的得分手段，是一切进攻技术、战术的最终目的和攻守矛盾的核心。因此，正确掌握并熟练运用投篮技术，不断提高投篮命中率，对篮球运动员来说是非常重要的。随着现代篮球运动攻守对抗的日益激烈，运动员身高、身体素质及技术水平的提高，促进了投篮技术的不断发展。

投篮出手部位由低到高，出手速度由慢到快，投篮方式越来越多，命中率也越来越高。投篮的动作方法很多，按照投篮持球方法不同可分为双手投篮和单手投篮两大类；按照投篮前持球置于身体的不同部位可分为胸前、肩上、头上等各种动作方法；按照投篮时队员状态可分为原地、行进间投篮。

1. 投篮技术动作分析

投篮技术是由持球手法、瞄篮点、投篮动作、球的旋转和投篮抛物线等环节组成。

（1）持球手法。持球是投篮时能否牢固地控制球和完成投篮动作的前提，无论是单手投篮还是双手投篮，持球时五指应自然张开，掌心空出，用指根及指根以上部位接触球，增大对球的接触面积，以保持球的稳定性，控制球的出手力量和方向。

（2）投篮动作。投篮是从准备姿势开始，用下肢蹬地发力，腰腹用力向前伸展，手臂向前上方伸直，手腕前屈或翻转，手指拨球的全身综合协调的力量将球投出。在球出手的一瞬间，手指作用于球体的力量大小、方向和作用点等，决定着球的出手角度、速度和旋转。由此可见，手腕前屈和翻腕、前臂和手指的弹拨作用于球的力量是投篮发力的关键。投篮时的伸臂屈腕动作应该协调连贯、柔和舒展，使身体各部位肌肉用力协调一致，以精确地完成投篮动作。通常投篮距离越近，身体综合用力的程度越小，以手指与手腕动作用力为主。远距离投篮时，身体综合用力的要求则越高。

2. 投篮动作方法

（1）单手肩上（头上）投篮。以右手投篮为例。右手持球于肩上（头上），手腕后翻，前臂与地面接近垂直，左手扶球的左侧。两腿微屈，右脚略前于左脚，身体的质量落在两脚掌上。眼睛注视篮圈前沿或碰板点。手指自然分开，掌心空出，托球的后下部，手腕后屈，小臂向上，用手指和指根将球控制住，球的重心落在食指和中指之间。投篮时，右臂随着下肢蹬伸的力量向上充分伸展，同时左手离开球，最后用手腕屈和手指用力拨球，通过指端将球投出，脚跟稍提起，球出手后身体充分伸展，重心移至前脚掌，食指正对瞄篮点，手心向下，腕、臂放松。

（2）双手胸前投篮。双手持球于胸前，肘关节自然下垂（不要外展），上体稍前倾，两膝微屈，身体重心放在两脚之间，目视投篮目标。投篮时，两脚蹬地，腰腹伸展，两臂上伸，拇指向前压送，两手腕同时外翻，指端拨球，用拇指、食指、中指投出，腿、腰、臂自然伸直。

（3）行进间单手低手投篮。以右手为例，右脚跨出一大步的同时接球，接着左脚跨出一小步并用力蹬地起跳，右腿屈膝上提，同时双手向前上方举球。当身体接近最高点时，左手离球，右手掌心向上托球，并向球篮的上方伸直，接着屈腕，食、中指拨球将球投出。

（五）持球突破

持球突破是持球队员运用合理的脚步动作与运球技术相结合，快速超越防守队员的一项攻击性很强的进攻技术。在比赛中，及时地把握突破时机，合理地运用突破技术，是直接切入篮下得分的重要手段。持球突破还可打乱对方的防御部署，为同伴创造更多更好的投篮机会。突破若能巧妙地与投篮、传球等结合运用，可使突破技术灵活多变，就能更好地发挥突破技术的攻击力。

二、篮球运动防守技术

防守技术是防守队员为阻挠和破坏对手的进攻，合理运用脚步移动和手臂动作，积极抢占有利位置，以达到争夺控制球权为目的所采用的各种专门动作的总称。防守是一项综合的技术动作，主要包括防守无球队员和防守持球队员。

（一）防守无球队员

在篮球比赛中，进攻队员有五分之四的人始终是处于无球状态，而且无球队员随时都可能变成有球队员，一旦得到球即成为有球队员，因此也就变成了直接得分者。防守队员也是有五分之四的人处于防无球队员状态，就防守的内容和任务而言，防无球队员重于防有球队员；在比赛中，出于无球队员直接得分的威胁较小，所以，防守队员很容易忽略对自己对手的防守，使无球队员出现大量的得球机会，使防守陷入被动。为此，在防守技术教学与训练中，每个防无球队员的防守者都要像防守有球队员一样，高度认真，步步紧逼，防止其接球和进行各种进攻配合。

防守无球队员的基本要求如下所述。

（1）防止对手摆脱，做到以人为主、人球兼顾（针对盯人防守）。

（2）通过绕前、抢位、上步，以及堵、卡、抢、断，不让对手在限制区及其附近范围内接球。

（3）通过积极移动和手臂干扰，不让对手轻易地接球，即使接到球也使其不便做下一个动作。做到内紧外松、近球紧逼。

（4）要做到及时、果断地进行协防配合。

（二）防守有球队员

只有有球队员才有直接得分的可能，因此，有球队员的最大威胁首先就是投篮得分。但有球队员并不是有球之后就可以投篮，在很多情况下有球队员是投不了篮的，因为其不具备合适的投篮时机。在此情况下，有球队员主要通过传球和运球转移球的方法来创造投篮机会。所以，防守有球队员时，既要防其投篮，又要防传球和运球突破。

1. 防守有球队员的基本要求

（1）要站在对手与球篮之间有利的位置上。

（2）既要挥举两臂防止传、投，又要积极移动堵截运球突破。

（3）不要轻易前扑或上跳而失去重心。

2. 防守技术教学与训练

（1）防守的正确姿势是防守对手的基础，在教学训练中必须加强防守正确姿势的培养，并明确防守正确姿势的内容，即重心、躯干、手臂、下肢、视野等特征要求。

（2）在教学与训练中，应先练习对无球队员的防守，后练习对有球队员的防守。先练习防守的脚步动作，再配合手臂动作练习。防守技术动作要结合个人防守战术意识进行练习，每个防守动作的练习都应具有明确的目的性。

（3）在防守有球队员的练习中，要根据对手离球篮的远近采用不同的防守策略。进攻队员离球篮越远，防守距离也越远；反之，离球篮越近，防守距离则越近。对篮下高大队员的防守主要采用卡住其脚步活动范围及习惯性的脚步移动路线，对外围远投手要采用前后开步重点防投；对习惯突破的对手要采用平步防守重点防突。

第二节 篮球人才战术能力培养

篮球比赛是一项集体行为。根据控制论观点，系统大于各部分之和的原理，一个球队的整体力量绝不是每个队员分散力量的相加，而是远远大于分散力量相加。因此，战术组织的是否正确，关键在于它是否充分发挥出每个队员在各方面的最大潜力，是否充分体现出集体的力量。

一、战术基础配合

（一）传切配合

传切配合是持球队员利用传球和切入技术超越防守，并接同伴的回传球进行投篮的一种配合方法。

（二）突分配合

突分配合是进攻队员运用运球技术，突破对手后，遇对方队员补防时，主动或应变性地传球给同伴的方法。

（三）掩护配合

掩护配合是指进攻队员之间合理运用身体挡住防守同伴的对手的移动路线，是同伴借以摆脱防守的一种配合方法。

（四）策应配合

策应配合是进攻队员背对或侧对球篮接球后，以其作枢纽，与同伴相配合或造成各种进攻机会而形成的一种里应外合的方法。

二、快攻

快攻是由防守转入进攻时，以最快的速度、最短的时间在人数上造成以多打少的优势，或在人数相等以及人数少于对方的情况下，趁对方立足未稳，果断而合理地进行攻击的一种速战速决的进攻战术。

（一）快攻的类型

1. 长传快攻

长传快攻是指队员在后场获球后，立即将球传给迅速摆脱对方进行偷袭的同伴的一种配合。这是由一两个进攻队员利用自己奔跑的速度和同伴长传球的速度超越防守来完成的。

2. 短传快攻

短传快攻是队员在防守中获球后，立即以快速的奔跑和短促的传接球逼近对方篮下进行攻篮的一种配合。短传快攻虽然在速度上比长传快攻慢，参加的人数多，但比长传快攻配合灵活而且变化多。

3. 运球突破快攻

在防守中获球后，在不便于传球的情况下，应快速运球推进，创造或寻找配合机会，以提高快攻的速度和威力。这是一种个人攻击在快攻中的积极行动，在推进时，运球和传球要密切配合。注意防止盲目的个人运球，以免影响快攻战术的质量。

（二）快攻的组织结构

快攻是由发动与接应阶段、推进阶段和结束阶段组成的。

（三）运用快攻的时机

（1）抢到防守篮板球发动快攻，当进攻队投篮或罚球不中时，防守队抢到篮板球后发动快攻。

（2）掷后场界外球快攻：当对方违例、失误或投中、罚中后要利用掷后场端线、边线球的机会发动快攻。

（3）抢到或断到球发动快攻：抢到或断到进攻队的球后应立即发动快攻。

（4）中、后场跳球快攻：利用上、下半场开局时的跳球和争球时的跳球获球后发动快攻。

（四）快攻教学与训练

（1）抢篮板球后发动快攻与接应的练习。

① 让队员熟练接应第一传跑动路线的练习。

② 提高快攻配合意识的练习。

③ 培养队员在移动中抢篮板球和机动接应的快攻配合练习。

④ 提高在防守情况下第一传与接应的快攻配合。

⑤ 加长一传距离与接应的配合。

（2）掷后场界外球的发动快攻与接应的练习。

① 加强从边线发球快攻的意识。

② 加强从端线发球快攻的意识。

（3）断球后发动与接应的练习，这种快攻经常使对方来不及防守，从而提高反击成功率。

（4）跳球时发动与接应的练习，跳球时的发动与接应，取决于队员与其他队员的默契配合。

（5）快攻配合推进阶段的练习。

① 两人交叉跑推进练习。

② 运球推进中结合传球练习。

（6）三人交叉推进配合。

（7）快攻配合结束阶段的练习，在快攻结束配合中，队员要保持冷静的头脑，要机智果断地出传球或投篮的决定，既不要操之过急，又不要错失良机，投篮后必须跟进抢篮板球，做继续攻篮的准备。

① 二攻一、三攻二的练习。

② 二攻二守的练习。

③ 三攻三守的练习。

④ 四守三攻的反攻练习。

三、防守快攻

防守快攻是防守战术中的重要组成部分，防守快攻以积极拼抢前场篮板球为前提，若对方获篮板球后，则应积堵截其第一传的发动与接应，在逐步退守中，要进行中场堵截，采用"堵中间，卡两边"的办法，并切断快下队员与接应队员之间的联系，在后场防守中还要掌握以少防多的能力，并在此基础上争取迅速组织阵地防守战术。

（一）防守快攻的方法

（1）提高成功率，拼抢篮板球，在防守快攻发动中，提高进攻的成功率和拼抢篮板球不仅可以抑制对方发动快攻的次数，并且对本队由攻转守和组织好防快攻战术起着重要的作用。

（2）堵截快攻第一传和接应，有组织地堵截快攻的第一传和接应，是制止对方发动快攻的关键。破坏对方发动快攻的路线也取决于封堵一传和接应。

（3）对方队员抢获篮板球后运用二夹一进行封堵第一传。

（4）防守快下队员：防守快攻时，除积极拼抢篮板球，堵截第一传和接应外，在退守过程中，还需注意防快下队员。

(5) 提高以少防多的能力。当对方快攻推进时，防守队往往不能及时地后撤防守而形成以少防多的局面。为了防止这种局面的出现，防守队员要积极地移动，运用假动作进行干扰，并选择和占据防守的有利位置，给进攻队员制造种种困难从而造成对方的失误，或延误其进攻速度为同伴争取退守的时间。

（二）防守快攻的教学与训练方法

(1) 三对三堵截快攻发动与接应的练习，加强拼抢篮板球和堵截快攻发动的意识。

(2) 三对三夹击第一传接应的练习。

(3) 防长传快攻的练习。

(4) 半场一防二的练习，全场一防二的练习，目的是培养防守者积极移动和运用假动作的能力。

(5) 半场二防三的练习，目的是提高相互补位的协同配合能力。

(6) 全场二防三的练习，目的是提高行进间以少防多的判断能力。

(7) 全场三对三，五对五的练习，目的是提高掌握攻守转化速度的能力。

四、半场人盯人防守

半场人盯人防守战术是在篮球比赛中由进攻转入防守时，全队有组织地迅速退回后场，在半场范围内进行盯人防守的一种全队战术，是篮球运动中各种防守战术的基础。半场人盯人防守战术，是以个人防守为基础，综合运用挤过、穿过、换防、关门、夹击等防守基础配合所组成的全队战术。

(1) 防守原则是："以人为主、人球兼顾"，控制对手，强调防守的整体性、攻击性、伸缩性和针对性。

(2) 对持球队员的防守要紧，特别是持球队员在近篮区域，要控制对手的投篮、传球和突破。

(3) 对无球队员的防守，应按照"球-我-他"的选位原则，根据对手距球或篮的远近，抢占有利位置，错位防守，控制对手接球。"近球紧，远球松"，注意相互协防。对手空切时，要按"向球或向篮封堵其前，背篮或背球封堵其后"的原则进行堵截和跟防。

(4) 在个人控制住对手的基础上，要随时观察场上队员的攻防情况变化，准备及时协防、补防、夹击和抢断球，有效地控制防守区域。队员之间要相互呼应，加强联系，密切协作，破坏对方的进攻配合，共同组成全队部署，完成全队防守任务。

（5）半场人盯人的分工，一般是根据防守的位置、防守能力和身体条件来确定的。如后卫防前锋，中锋防中锋，前锋防后卫，强防强，弱防弱，高防高，矮防矮，快防快，慢防慢等。

五、进攻半场人盯人防守

（一）进攻半场人盯人防守的基本要求

（1）思想上要有所准备，沉着冷静。

（2）队员在场上要保持一定距离或分散队形，拉大防区以便于各个击破。

（3）根据双方情况，扬长避短，发挥自己优势，有所侧重地组织进攻。控球队员不要急于处理球，特别应注意不要在边、角处停球，应积极组织队友运用传切、突分、掩护和策应等配合，争取局部突破，打乱其防守阵型，寻找战机。

（二）进攻人盯人防守的练习与提高

（1）理论上先了解人盯人防守的特点和原则，并在此基础上明确进攻的基本原则和要求等。

（2）在个人防守技术技能的基础上，先教授进攻半场松动人盯人的战术配合，再逐渐加大难度进行练习。要注重提高防守的伸缩性。

（3）先在无球状态下练习，然后再结合防守者的移动进行练习和巩固提高进攻的质量。防守者的防守难度应根据进攻者的水平逐渐加大，最后在比赛中检验提高。

六、全场紧逼人盯人防守

全场紧逼人盯人防守战术，是由攻转守时每个队员立即看守住邻近的对手，并在全场范围内紧紧盯住对手，以个人积极的防守和全队的协同配合，破坏对方进攻，达到转守为攻的目的的一种攻击性、破坏性很强的防御战术。这种战术防守移动面宽，争夺激烈、速度快、强度大、配合意识要求高，能充分发挥队员的特长和有效地制约对方活动，打乱对方部署和习惯打法，造成对方心理紧张和技术失误，从而取得竞赛的主动权。因此它在现代高水平篮球比赛中被视为一种杀伤力最强，谋略性运用效果较好的篮球防守战术体系。

（一）全场紧逼人盯人防守战术的运用时机

（1）突然改变战术，出其不意、攻其不备，希望扩大战果或挽回败局。

（2）身材矮小，但速度快，灵活性较好的球队，与身材高大的球队比赛，为摆脱篮下被动的局面。

（3）对方中投准，控制球的能力和突破能力较差，不善于进攻。

（4）对方体力较差，为消耗对方体力。

（二）全场紧逼人盯人防守战术的基本要求

（1）统一思想，统一行动，积极主动，加强协作。

（2）由攻转守，要迅速就近找人抢占有利的防守位置，紧逼自己的对手，同时注意场上情况，及时协防。

（3）防守无球队员时，以控制对手接球为主，要及时抢占有利的防守位置和距离，迫使对手向远离球的方向移动；当同伴被突破时，要果断地进行堵截和补防。

（4）防守运球的队员，首先不让对方突破，若被对方突破，也要尽量做到搭中放边，迫使对手沿边线运球并在边角停球，制造夹击机会。防掩护配合时，力争抢过和穿过防守，尽量减少交换防守。

（5）要设法诱使对手长传或高吊球，制造抢断球机会。

（6）每个队员要抢占有利的位置，紧逼自己的对手，人球兼顾，积极阻挠对手移动，接球、运球、投篮等进攻行动，严密控制，使对手被动或造成失误、违例。

（7）全队要相互呼应，前后、左右照应，充分利用堵截、夹击、换防、补防等配合，及时破坏对方的进攻配合，要近球紧逼，远球稍松。

（三）在攻防转换过程中开始进行的全场紧逼

通常在攻防转换的过程中开始进行的全场紧逼有下述两种情况。

（1）在攻进一球或球出界后，让每名球员盯住自己的人。

（2）在被抢到篮板，被抢断或在攻防转换中失误后，每名防守球员只要就近防守对方球员，而不是试图跑开去盯防先前指定要盯的球员。任何错位的发生通常都是出于立即进行紧逼和防止快攻。如果进攻推进到半场了，防守球员回防时可以在适当的时候换位。

七、进攻全场紧逼人盯人战术

进攻全场紧逼人盯人战术，就是根据全场紧逼人盯人防守的特点，以进攻半场人盯人防守配合为基础，扩大到全场范围内，运用运球突破等个人技术和传切、掩护、策应等几个人之间的配合所组成的一种全队战术。为了能有效地应对全场紧逼人盯人防守，首先要对这种防守战术的特点和规律有充分的了解和认识，并能针对这种防守战术的队员分散、个人防守区域大、不便于协防等弱点，结合本队的情况组织全队进行进攻配合。在转攻时要争取在对方未构成集体防守布局时就迅速发动攻击。要迅速摆脱防守，利用传切、突分、掩护、策应等进攻基础配合，瓦解对方士气，争取进攻的主动权。

（一）进攻全场紧逼人盯人防守的基本要求

（1）当对方采用全场紧逼人盯人防守战术时，首先要保持清醒的头脑，要沉着冷静，不慌不乱，按原定部署抓住战机组织进攻。

（2）进攻队员在场上的位置分布，要注意保持一定的间隔距离，拉开对方的防区，避免对方的协防和夹击。应多采用传切、策应配合。如果采用掩护时，应多做无球队员间的掩护，以免被对方队员夹击。

（3）队员要积极主动迎前接球，接球后要注意保持身体的平衡，以便迅速衔接下一个动作，不要轻易运球。传球时要多用短传，避免横向传球，尽量少用高吊球和长传球。

（4）要掌握好进攻的节奏，队员的动作要突然，争取中路突破，不要盲目运球，运球后要避免在边角处停球。

（5）若被夹击，要注意降低重心保护好球，尽量利用跨步、转身扩大活动范围，及时将球传出。遇到同伴队员被夹击时，要及时接应，帮助同伴摆脱，或及时接球。

（6）根据本队特点，争取从后场开始组织连续配合开展进攻，创造突破机会，造成以多打少的局面。

（二）进攻全场紧逼盯人的方法

1. 固定战术配合

进攻全场紧逼盯人时，由发界外球开始，就要组织固定配合发动进攻，为接应一传创造有利的条件，较容易造成直接得分。

2. 两侧同时掩护进攻配合

3. 运球突破进攻

它是进攻紧逼盯人的一种个人战术行动,在比赛中正确、合理地运用,能有效地压缩防区,及时突破防守,打乱其防守阵型,再局部形成以多打少的局面,或造成直接得分的机会。

4. 掩护进攻配合

当进攻队难以用迅速突破或传切配合摆脱防守时,应有组织地运用掩护配合,借以摆脱防守达到进攻的目的。

5. 策应配合进攻

当持球队员推进到中场附近,不能再继续向篮下移动时,中锋或临近中线或罚球线的队员,应主动移动做策应配合。

八、区域联防

区域联防,顾名思义,乃联合防守之意。它分为站位联防和对位联防,如果与盯人结合,还可以变化成混防(混合防守),联防与盯人的最大不同,就是盯人以盯人防人为最终目的,而联防则以防球为最终目的。把区域联防和人盯人防守两种战术融为一体,比人盯人防守更具有集体性,比区域联防防守更具有针对性。

(一)区域联防的站位阵型

依据防守队员的站位形式,通常将区域联防分为 2-1-2 联防、2-3 联防、3-2 联防、1-3-1 联防及对位联防等几种。其中 2-1-2 联防是最基本的区域联防。

(二)区域联防的基本要求

(1)根据区域联防的形式和队员、对手的特点等合理分配防守区域,最大限度地发挥队员在各自防区的作用。

(2)由攻转守时,除积极阻止对方的攻势外,应有组织地快速退守和及早落实防守位置。

(3)每个队员必须认真负责各自的防守区域,积极阻挠进入该防区的进攻队员的行动,并根据球的方位调整队形进行联合防守。

(4)对有球队员应按盯人方法紧逼防守,其余防守队员应积极移动,调整队形进行协防或补防,作到人球兼顾。

（5）对无球队员的穿插移动，要根据其离球的远近和队友的位置积极抢位、堵截和护送，并及时与队友呼应联系，不让对手向有威胁的区域移动或接球。远离球的防守队员应起指挥作用。

（6）进攻队员投篮后，每个防守队员都应积极堵位和抢位，有组织地争抢篮板球并及时发动快攻。

九、进攻区域联防

进攻区域联防是针对区域联防的特点、阵型和变化所采用的进攻方法，是篮球进攻战术系统中的重要组成部分。

（一）进攻区域联防的阵型

进攻区域联防的阵型是指针对区域联防的阵型而采用相应的进攻阵型。确定阵型的原则是根据进攻的点、面，合理部署队员占据联防的薄弱地区，避免与防守队员形成一对一的站位，在局部区域形成以多打少的优势，并始终保持攻守平衡。常用的落位阵型有 1-2-2 阵型、1-3-1 阵型、2-1-2 阵型、2-3 阵型等。

（二）进攻区域联防的基本要求

（1）多组织快攻。

（2）根据区域联防的阵型，有针对性地落位，重点攻击薄弱区域。

（3）通过多传球、快传球、突破分球等打乱防守队形，寻找战机。

（4）多运用中远距离的投篮逼其扩大防守范围，争取篮下空间。

（5）积极组织前场篮板球争取二次进攻机会，并注意保持攻守平衡，及时退守。

（三）进攻区域联防的教学训练

（1）理论上先明确进攻区域联防的基本原则和要求。

（2）重点选择 1-3-1 落位阵型进行进攻。

（3）根据防守的阵型和敌我双方队员的具体特点，确定进攻战术方法和队员位置分工。

（4）结合区域联防进行进攻练习，注意逐渐提高防守难度。

（5）结合快攻受阻转为阵地进攻时练习攻防。

（6）在比赛中检验提高。

第三节 篮球人才身心素质培养

一、篮球人才身体素质培养

（一）篮球力量素质训练

1. 力量素质的种类

按照不同的分类标准，篮球力量素质训练的种类也有所不同，篮球力量能力主要反映肌肉收缩的最大力量、速度力量和力量耐力。

篮球力量素质的训练在篮球运动中占有首要的位置，其力量训练水平的高低会直接影响其他素质的训练。发展和提高力量素质，可以有效预防肌肉拉伤及运动事故的发生，同时能够保证心理素质、拼搏精神方面有所提高。总而言之，篮球运动员的力量素质训练对篮球运动具有十分重要的作用，是提高比赛成绩的重要保证。

1）最大力量

最大力量（绝对力量），是指无论体重大小，身体或身体某一部分肌肉克服最大阻力的能力。最大力量是随着肌肉体积的增加而提高的。

2）速度力量

速度力量，是指短时间内肌肉为克服阻力而发挥的强大力量。速度力量是速度和力量相结合的产生的特殊力量。通常所说的爆发力就是典型的速度力量，要求运动员在运动时，能够在短时间内发挥出最大力量。肌肉在运动时克服阻力的过程中，阻力越大，速度越慢。

3）力量耐力

力量耐力，是指运动过程中能够长时间的保持克服肌肉阻力，并且准确有效地工作的能力。阻力大小会影响运动时间的长短，阻力较小，运动时间才能持续加长，或重复尽可能多的客服阻力的次数。

以上三种力量素质训练中，最主要的是发展速度力量（爆发力），这也是篮球力量素质训练的核心，另外两种力量素质都要围绕这一核心进行训练。

2. 力量素质训练方法
1) 一般力量素质训练的方法
肌肉收缩主要表现为四种基本形式, 即离心的退让性收缩、向心的克制性收缩、等动收缩与等长收缩。前三种肌肉收缩形式可归为动力性工作, 而等长收缩则属于静力性工作。根据肌肉收缩的形式, 一般力量训练主要有四种方法：静力性力量训练、动力性力量训练、等动训练和超等长训练。

(1) 静力性力量训练。

静力性力量训练又称为等长训练, 是肌肉在对抗固定阻力时产生的力量维持和固定肢体于一定的位置和姿势, 不会产生明显的位移和运动的一种训练方法。在篮球运动训练中, 负重半蹲是运动员常常采用的静力性力量训练方法。

(2) 动力性力量训练。

动力性力量训练又称为等张训练, 是肌体在等张收缩时所产生的力量使肢体产生位移, 从而使人体或器械产生加速运动的一种训练方法。肌肉这种工作形式属于向心收缩工作, 长度缩短, 在工作的过程中, 随着活动肢体关节的改变, 肌肉在缩短过程中张力也发生变化。动力性力量练习主要有两种主要类型：一种是大负荷、少次数, 主要用于发展一般力量和爆发力；另一种是小负荷、多次数, 主要用于发展力量耐力。

(3) 等动训练。

等动训练是在整个关节活动的范围内, 肌肉群始终以最大张力收缩, 而速度保持恒定的训练方法。等动训练需要专门的器材才能进行, 如等动练习器等。

(4) 超等长训练。

超等长训练是一种能使肌肉产生牵张反射的力量训练方法。超等长训练对于发展爆发力具有良好的效果, 其中"跳深"练习是最典型的训练方法。

2) 专项力量素质训练的方法
(1) 最大力量训练方法。

篮球运动最大力量训练主要有以下两种方法：通过增大肌肉生理横断面增加肌肉收缩力量；改善肌肉内协调能力, 提高神经系统指挥肌肉工作能力, 动员更多运动单位参加工作。在最大力量训练中, 应先增加肌肉生理横断面的力量训练, 然后进行肌肉内协调能力的训练。

第一, 增加肌肉生理横断面的最大力量训练。该训练方法是采用本人最大极限负重量的 60%～85%的强度，4 秒左右完成一次动作，共做 5～8 组，每组 4～8 次；组间间歇时间控制在上一组练习肌肉所产生的疲劳得到基本消除。

第二，改善肌肉内协调能力的最大力量训练。此种训练方法是采用本人最大极限负重量的 85%以上强度，两秒左右完成一次动作，共做 5～8 组，每组 1～3 次；组间间歇时间控制 3 分钟左右或更长（在上一组练习肌肉所产生的疲劳得到恢复）。

第三，静力性练习和等动练习。静力性练习多采用大强度和极限强度，每次持续时间为 5～6 秒，总练习时间不超过 15 分钟。等动性练习动作速度基本不变，肌肉在练习过程中能发挥出较大力量，练习强度要大，每组练习 4～8 次，做 5～8 组，组间休息要充分。

（2）速度力量训练方法。

在篮球力量训练中，速度力量具有速度和力量两方面的综合特征，只有最大力量与速度都提高，才能取得速度力量训练的最佳效果。篮球运动员速度力量的训练方法主要包括两种：负重练习和不负重练习。

第一，负重练习法。负重练习时负荷强度要适宜，多采用本人最大力量的 40%～80%的强度，以兼顾力量和速度两方面的发展；每组练习 5～10 次，做 3～6 组（组数的确定以不降低速度为限）；间歇时间应当充分，一般为 2～3 分钟。

第二，不负重练习法。不负重练习法主要采用发展下肢速度力量克服自身体重的跳台阶和跳深练习，以及发展上肢和躯干速度力量的符合专项技术要求的快速练习。

第三，力量耐力素质训练方法。力量耐力是指有氧供能，其发展主要依靠肌肉力量的发展，以及血液循环、呼吸系统机能的改善和有氧代谢能力的提高。若发展克服较小阻力的力量耐力，则最小负荷不能小于本人最大负荷强度 35%的负荷强度；若发展克服较大阻力的力量耐力，可采用本人最大力量 75%～80%的负荷。练习的组数通常以保证每组达到极限重复次数来确定。

（二）篮球速度素质训练

1. 速度素质的种类

篮球速度素质训练中，速度素质的种类可分为三种，即动作速度、反应速度和移动速度。这三种速度素质是相互依存，同时又相互独立的。其中发展动作速度与移动速度的前提是反应速度的提高，动作过程的快慢受动作速度和移动速度的直接影响。

1）动作速度

动作速度是指运动员快速完成单个动作或成套动作的能力，如篮球运动员持球突破、防守移动和三步上篮的时间。

各环节中枢神经系统的传递速度对动作速度的影响很大，如兴奋冲动强度大，加之传递速度快，协调性好，即指挥的能力强，动作速度必然快。另外，人体各器官系统的准备状态对动作速度的快慢也有一定的关系。

2）反应速度

反应速度是指运动员对种种外界刺激（声、光、触等）快速应变的能力，也就是做出反应的潜伏时间。信号通过神经系统传递的时间长短决定了反应速度发挥的效果。这在运动中又称为反应时长，反应时长反应速度慢，反应时短反应速度快。

3）移动速度

移动速度是指在单位时间内移动距离长短的能力，它综合体现了三种速度综合运用的能力，而且受一定因素的影响，如力量、耐力、柔韧性以及动作技术的影响。篮球运动员位移的快慢，往往受起跑的快慢（听到哨声后的反应速度）、跑的动作频率、腿部力量、柔韧性、跑的技术以及后程的耐力等多种因素的影响。

篮球运动三种速度素质的训练直接影响着技战术的发挥效果。因此篮球运动员在进行移动速度训练时，应充分将三种速度素质的训练结合起来。

2. 速度素质训练方法

篮球运动员不能只采取单一的手段进行速度素质训练，要与其他手段结合起来，比如，发展最大力量、速度力量和完善动作技术（起动、滑步和急停等）结合。根据篮球速度素质训练的分类，有以下几种训练方法。

1）反应速度训练的方法

运动员在反应速度的训练上，可以与篮球相关专项训练集合起来，在进行反应速度训练的同时要注意几个方面：第一，对各种专项动作能够熟练地掌握，提高人体的积极感知能力，缩短反应时的潜伏期；第二，缩短各环节的运动时间。尤其是关键环节的反应时间，篮球运动员可采用起动跑、运球起动、追逐球等方法进行速度素质训练。发展反应速度的方法主要有以下几种。

（1）增强完成专项动作的能力，增加技术动作的信息量，提高人体对技术动作的感知能力，培养运动意识，缩短反应时的潜伏期。

（2）运动员根据动作、声音、哨声和口令等突然发出的信号做出及时的反应。

（3）运动员可以进行视觉反应的训练，如对移动目标的训练。运动员看到目标后要做出正确的应答反应。

（4）在练习中通过有意识地增强外部刺激因素，使运动员迅速做出反应。

（5）选择性练习。把几种信号规定好后，发出任何一个信号时，运动员都要做出符合规定的反应。

2）动作速度训练的方法

在发展动作速度的训练中，要重点提高关键技术环节的速度。篮球运动员在训练动作速度上要注意几个方面：首先，对单个动作的关键技术和组合动作的衔接上，要反复地加强动作速度的训练；其次，提高动作频率，可采用缩短规定完成次数的时间，或在规定时间内完成动作的次数。篮球运动员动作速度的发展主要包括以下几点。

（1）减小阻力的训练，如顺风、下坡跑和减轻器械的重量等练习。

（2）在规定的训练时间和空间上提高动作速度，如进行半场训练，在规定的时间内完成规定的数量。

（3）尽量以最快的速度完成专项练习，如小步跑、高抬腿跑和后蹬跑等，或进行一些爆发力的专项练习，这些辅助的练习都有助于提高动作速度。

（4）反复练习单个动作和组合动作的衔接动作，提高动作速度，缩短动作时间。常用的练习方式有快速出手投篮和传球时手指手腕爆发用力。

3）移动速度训练的方法

在篮球运动中，影响篮球运动员移动速度的主要因素有运动的频率和技术动作的幅度。因此，应重点抓住运动频率和技术动作幅度的训练。运动频率的训练是在保证一定动作幅度的情况下，通过改进技术，提高素质，在一定时间内尽量多地完成各种动作次数；改进技术动作可以有效地改善动作的幅度，提高肌肉的伸展性、肌肉的力量素质以及关节的灵活性，充分利用运动员的自身条件。发展移动速度的方法主要有以下几种。

（1）10秒直线往返运球，并完成上篮。

（2）提高步幅的练习，如发展腿部力量的深蹲练习，提高髋、膝、踝、肩关节肌群的柔韧性练习。

（3）提高步频的练习，如快速小步跑、起跑接加速跑、后蹬跑转加速跑、短距离冲刺跑以及下坡跑等。

（4）保持最高速度能力的练习，如采用较大强度的短距离间歇跑及各种快慢相结合的变速跑、反复跑或比赛等。

（三）篮球耐力素质训练

1. 耐力素质的种类

耐力素质是指运动员在大强度、长时间的专项运动中抵抗神经、肌肉疲劳的能力。在篮球运动中，耐力素质是运动员必须具备的重要的基础素质。篮球运动员身体素质训练的耐力水平主要取决于：功能系统的机能能力，即氧债和耐乳酸能力；在比赛中有效地利用机能潜力的能力；疲劳情况下的意志品质。

篮球运动员具有良好的耐力素质，有利于比赛中保持旺盛的精力和斗志，保证篮球技术动作的正常发挥。运动训练过程主要克服因肌肉工作引起的体力上的疲劳。在篮球运动中，耐力素质的提高是影响运动成绩提高的重要因素，一般来说，篮球耐力素质主要有以下几种分类方法。

1）从器官系统进行分类

生理学上将耐力素质分为肌肉耐力和心血管耐力两种类型。从供能特征角度进行分类，又可分为有氧耐力、无氧耐力以及有氧和无氧混合耐力。

（1）有氧耐力。

有氧耐力是指有供给机体的氧气足够充分的情况下，保持较长时间工作的能力。有氧代谢能力主要可分为氧气的吸收、运输和利用的有关机体特性的综合。篮球运动员进行有氧耐力训练的目的在于提高运动机体输送氧气的能力，促进有机体的新陈代谢，为以后的负荷量增加创造有利的条件。

（2）无氧耐力。

无氧耐力是指供给机体的氧气不足的情况下，保持较长时间工作的能力。无氧耐力工作是在机体长时间处于供氧不足的状态下进行工作，因此进行无氧耐力训练的主要目的就是提高运动员机体承受氧债的能力。

（3）有氧和无氧混合耐力。

有氧和无氧混合耐力是介于无氧供能和有氧供能之间的一种耐力。其特点是持续时间在有氧耐力和无氧耐力之间。

2）从训练学进行分类

从耐力素质与篮球运动的关系方面进行分类，可分为篮球一般耐力训练和篮球专项耐力训练两种类型。

（1）一般耐力素质训练。

一般耐力是指一种多肌群、多系统长时间工作的能力。无论专项特点如何，一般耐力素质的训练都有利于耐力效果的提高。但是，由于一般耐力的综合表现形式有所不同，对篮球运动来说，对一般耐力训练的要求也有所不同。因此，篮球运动员应充分将一般耐力和专项耐力相结合进行训练。

（2）专项耐力素质训练。

篮球专项耐力是指运动员根据专项的要求和比赛的特点，运动员长时间的、高强度的工作能力。在篮球运动中，有氧代谢状况、能源物质储存以及支撑运动器官对长时间大强度工作的承受能力，决定了篮球运动员的无氧耐力水平。

篮球运动员在发展专项耐力的训练中，需要特别注意专项的总体代谢特点，科学合理地安排训练。发展专项速度耐力训练，一般以发展非乳酸性无氧耐力为主，采用95%左右强度、心率可达180次/分钟的训练方法，重复组数可达5～6组，重复次数比组数少些为宜，如重复3～4次。发展乳酸性无氧耐力时，负荷强度控制在篮球运动员可承受最大强度的85%～95%，心率在160～180次/分钟之间，负荷时间可控制在1～2分钟之间，间歇时间逐渐缩短，如第一次与第二次跑之间的休息为7～8分钟，第二次与第三次跑之间休息为5～6分钟。

篮球运动员在进行专项耐力训练时应注意安排长时间专项对抗练习或加大防守和进攻技术训练强度，以提高在疲劳情况下运用技、战术的能力。

2. 耐力素质训练方法

1）无氧耐力训练的方法

（1）非乳酸供能练习法。

训练的负荷强度在90%～95%，训练时心率能够达到180次/分钟以上，练习持续时间是3～8秒，重复次数2～4次，练习组数3～5组。如30米快跑，每组3次跑4组，每次间隔1～2分钟，组间休息7分钟左右。

（2）乳酸供能练习法。

训练强度一般达到身体负荷的80%～90%，心率可达到160～175次/

分钟，一次的训练时间可控制在 35～120 秒，训练 2～4 次，训练 3 组左右，组间休息 15 分钟左右，如 200 米跑，3 次一组，训练两组，每次跑的间歇时间要一致，之后也可逐步地缩短间歇时间。

2）有氧耐力训练的方法

(1) 进行连续训练和间歇训练。

连续训练和间歇训练的方法要根据运动员的最大摄氧量进行训练。最大摄氧量是有氧代谢能力的基础，是指身体发挥最大功能水平，每分钟摄入并供给组织细胞消耗的氧气量。在进行有氧训练时，可以把最大摄氧量作为确定运动强度的参考指标。对于运动员来说，训练的运动强度相当于 70%～80%的最大摄氧量。

(2) 运用无氧阈进行训练。

无氧阈是由有氧代谢供能逐步过渡到无氧代谢供能的转折点，这一转折点相当于一般人心率在 140～150 次/分钟时的运动强度。即体育锻炼时心率在 150 次/分钟以下，主要是发展有氧耐力；心率在 150 次/分钟以上，则主要是发展无氧耐力。因此，发展有氧耐力的训练，其心率均不会超过 150 次/分钟。

（四）篮球灵敏素质训练

1. 灵敏素质的种类

所谓灵敏素质，是指运动员能够迅速、准确、协调的在各种突然变换的条件下完成动作的能力。灵敏素质是运动技能、专门的运动感觉和各种素质在运动中的综合表现。篮球运动员的灵敏素质实质上是经过视觉感受在大脑皮层神经过程的转换，在各种突然变化的情况下，运用已形成的技术动作。也就是说，篮球运动员的灵敏素质必须具备快速的反应过程和较准确的运动过程。在篮球运动中，灵敏素质有助于运动员掌握和运用各种复杂的技、战术以及提高场上的应变能力。灵敏素质主要可分为一般灵敏素质和专项灵敏素质两种类型。

1）一般灵敏素质

一般灵敏素质是由力量、速度、协调、反应性等多种素质组合而成的，它是专项灵敏素质发展的基础。只有全面增强运动的各种素质，才能提高其灵敏素质，因此要对各方面身体素质的发展重视起来。

2）专项灵敏素质

专项灵敏素质，是指运动员在专项运动中，能够迅速、准确、协调地完成各种技战术的能力。专项灵敏素质是通过长期的专项技战术水平的训练，并在一般灵敏素质训练的基础上不断提高和发展的。不同专项对灵敏素质的要求不同，篮球一般要求突然起动、躲闪、迅速改变身体位置、急停、切入、运球过人、跳起空中投篮、争夺篮板球等方面所表现的灵敏素质。

通常情况下，应首先训练篮球运动员的视觉判断能力，其中包括视觉反应能力、掌握动作的能力、节奏感以及平衡能力等。这就要求在进行技战术训练和专项训练过程中，运用特殊的方式，提高反应速度的练习。提高篮球运动员神经系统迅速集中和分散的能力，使大脑皮层的灵活性与神经过程的转换能力都得到进一步提高。

2. 灵敏素质训练方法

在篮球运动中，各种专项技术练习和辅助练习，各种脚步动作的转换练习，传接各种难度的球，抢断球游戏，绕过障碍的接力赛，接地滚球，各种滚翻、手翻、模仿练习和闪躲，以及在快跑中根据信号进行启动、转身跑、急停、后退跑和改变方向跑等，都能够有效地发展运动员的灵敏素质。此外，灵敏素质是综合素质的体现这一特点，应全面的发展篮球运动员的身体素质，重点培养掌握反应能力、动作能力、平衡能力等。主要有以下几种训练方法。

（1）根据不同信号，运动员分别做快速启动、变速、制动、变向及跳跃、滚动等动作。

（2）在跑、跳中做迅速改变方向的各种跑、躲闪、突然起动以及各种快速急停和迅速转身等练习。

（3）固定转换体位的练习，如各种穿梭跑、8字跑和折返跑等，这些练习主要发展人体的基本灵敏能力。

（4）器械、武术、体操中的一些复杂动作练习，以及速度、动作、力量、高度、方位等经常变化的不对称练习和各种球类活动。

（5）专门练习。如立卧撑跳转180°连续进行、上步纵跳、左右弧线助跑、单腿起跳、旋转360°连续进行等。

（6）做复杂多变的综合练习，如用"躲闪跑""之字跑""穿梭跑"与"立卧撑"多项组成的综合性练习。

（7）进行最有利的篮球专项移动动作的姿势的练习，以提高身体平衡和身体重心的转移能力。如持球的基本姿势，防守的基本姿势，采用交叉步、滑步、抢断球、变速跑、变向跑等发展身体重心的转移能力。

（五）篮球柔韧素质训练

1. 柔韧素质的种类

柔韧素质是指人的各个关节活动幅度的大小及肌肉、韧带、皮肤和其他组织的弹性及伸展能力。其中各关节的活动幅度受肌肉和韧带的伸展能力的影响较大，但关节的活动幅度更受关节结构的制约。

篮球运动是一项综合性很强的运动，它要求运动员技术动作不仅能够充分伸展，而且要收缩自如；动作既要有力，又要协调。为此，要加强各关节的训练，特别是腰、胯、肩、踝关节韧带的训练。发展柔韧素质不仅可以加大动作幅度，使动作更舒展、优美，还能加大动作力量，减少受伤的可能性。因此，运动员必须正确地进行柔韧素质的练习，这对于提高运动技术水平具有更重要的意义。

1）从柔韧素质与专项的关系进行分类

一般而言，柔韧素质从其与专项的关系看，通常可分为一般柔韧素质和专项柔韧素质两种。

（1）一般柔韧素质。

一般柔韧素质是指能够适应各项目技战术训练素质的一种能力。可以说它包括机体各关节的活动幅度和肌肉、韧带的伸展性。

（2）专项柔韧素质。

专项柔韧素质是指根据各专项的运动特点，能够使用特殊的柔韧素质的能力。专项柔韧素质是提高技术能力所必须掌握的素质。因为根据专项不同，要求各方面的柔韧素质也不同，在幅度、方向等表现上也有差异。运动员各关节的活动幅度的大小和各部位肌肉、韧带的伸展性都能通过专项运动表现出来。因此，人们才根据专项的不同需要将柔韧素质分工为一般柔韧素质和专项柔韧素质两种类型。专项柔韧素质是建立在一般柔韧素质基础上的，良好的一般柔韧素质有利于专项柔韧素质的提高。

2）从柔韧素质外部运动状态的表现进行分类

柔韧素质从其外部运动状态的表现看可分为静力性柔韧性和动力性柔韧性两种。

（1）静力性柔韧性。

所谓静力性柔韧性，是指肌腱、肌肉、韧带根据静力性技术动作的需要，拉伸到动作所需要的位置，并控制停留一定的时间的能力。但是静力性柔韧性的好与动力性柔韧性的好坏没有一定的关系。

（2）动力性柔韧性。

所谓动力性柔韧性，是指肌肉、肌腱、韧带根据动力性技术动作需要，拉伸到解剖学允许的最大限度能力，随即利用强有力的弹性回缩力来完成所要完成的动作。一切爆发力前的动作拉伸，都属于动力性柔韧性。动力性柔韧性建立在静力性柔韧性的基础上，但必须要有力量素质的表现。

3）从完成柔韧性练习的表现上进行分类

从完成柔韧性练习的表现上看，柔韧素质又分为主动柔韧性和被动柔韧性。

（1）主动柔韧性。

主动柔韧性是指人主动运动中表现出来的柔韧素质水平。主动柔韧性同时反映了对抗肌的可伸展程度和主动肌的收缩力量。

（2）被动柔韧性。

被动柔韧性则是指在外部环境和外力作用下表现出来的柔韧水平。通常情况下，被动柔韧性要优于主动柔韧性，保持这种微小的差距，说明柔韧性的发展水平很平衡。

除此之外，从柔韧素质在身体不同部位的表现看，柔韧素质又可分为上肢柔韧性、肩部柔韧性、下肢柔韧性、腰部柔韧性等。

2. 柔韧素质训练方法

篮球运动员进行柔韧性训练的主要目的是改善肌肉的伸展性和弹性，提高运动技术的动作灵活性和动作幅度，预防和减少运动损伤现象的发生。柔韧性训练的常用方法主要包括主动训练法、被动训练法和混合训练法三种。

1）主动性训练法

主动性训练是指通过人体肌肉快速收缩所获得的惯性，达到让肌肉的各个放松部位获得牵拉和伸展的目的。

（1）通过肢体的各种摆和振动，如各种绕环、踢腿、推墙等，增强拉伸肌肉和韧带的效果。

（2）发展小肌群力量，使放松的对抗肌和参加完成动作的肌群协调配合，并利用惯性，最大限度地提高关节的柔韧度。如在进行手腕力量训练时，使手背肌群放松,并使手背肌群牵拉,爆发性惯性越大,肌群拉伸越大。

2)被动性训练法

通过身体的辅助器材、重力和同伴的协助,使肌肉韧带托长的锻炼方法称之为被动性训练方法。

(1)采用负重和不负重的悬垂练习。例如,利用器械的重力悬垂,把重物放在直角压腿的膝关节下,拉长大腿的后群肌肉;利用身体的重力做单杠、双杠、肋木上正反肩关节的悬垂练习;轻负荷的提拉,下放时对脊柱后群肌有拉长作用。

(2)采用两人互助的手段,维持某一动作姿势。例如,一人平躺在地上挺直,抬举双腿放在另一人肩上,用臂或肩向前下方推压,进行直角压腿练习。

3)混合性训练法

混合训练法是指在自主肌肉收缩和外力作用的共同影响下,共同加大拉伸效果。例如,直角悬垂压腿,既利用上体的重力下压,又通过腹肌的收缩加力,让腹后肌群拉长;负重仰卧起坐的前压腿练习,对脊柱腹后肌群、后群肌肉和韧带的牵引作用良好。

二、篮球人才心理素质培养

(一)一般心理训练的方法

1. 表象训练

篮球运动员的表象训练是运动员有目的地、积极地回忆已经形成的动作表象,并将动作进行重复、回顾、改正和发展,能够创造出新的动作。它具有将原有的暂时神经联系恢复,引起相应的肌肉活动,产生正确的动力定型效应,从而使动作的熟练掌握加快和难度动作的回忆作用加强。篮球运动员在进行表象训练时要保持高度集中的注意力,每次表象训练的时间最多不要超过5分钟。

2. 专门化的感知觉训练

篮球运动员的专门化感知觉是运动员篮球专项运动的某些特殊心理感受知觉。主要包括球感和时空感等。

1)球感

长期从事篮球运动,会使运动员产生一种专门化的知觉,而这种知觉就是球感。球感是一种复合知觉，它从侧面反映了运动员的各方面的身体素质，这种知觉只能在长期反复的训练中获得。因此，球感的好坏，是由能否坚持长期触球训练决定的。

2）时空感

篮球运动的时空感主要表现在运动员对时间、空间的判断能力。时间、空间感觉是紧密联系的。只有获得较强的时空感，运动员才能在比赛中获得主动权。篮球运动对预测反应、视动反应、选择反应等时空感训练有更高的要求，要求广阔的视野，对方位感和知觉都有较深的感受，对人和球的速度、移动、距离、方向等都要有准确的判断和把握。

3. 集中注意力训练

篮球运动员集中注意力训练主要有以下几种方法。

（1）集中注意形象训练方法：篮球运动员回忆日常技术动作的训练，并使注意力始终集中在动作形象上。

（2）集中注意内向训练方法：篮球运动员对自身内部的某种生理因素做出选择，并使之成为注意对象，进行指向和注意集中训练。

（3）集中注意自身动作训练方法：篮球运动员对自身的肌肉动作进行选择，并训练自己的注意力。

（4）集中注意模仿接近专项技术动作训练方法：运动员使自己的注意力稳定在单个或连续动作上。

4. 篮球运动员意志的训练

篮球运动员的意志训练是训练过程中刻意让运动员解决困难，达到对运动员心理状态的调节并从事预定项目活动的目的。培养意志品质，主要是通过克服实践中所遇到的种种困难来实现。进行意志训练，可运用以下几种方法。

1）鼓励法

公开表扬训练中意志力表现顽强的运动员，并以其为榜样，以此激励队员去学习、仿效，从而培养运动员坚强的意志品质。

2）刺激法

在篮球运动训练计划中，可以进行一些大负荷运动量的训练，使运动员能够在大强度训练下接受困难的挑战，只有这样才有利于增强运动员克服困难的勇气和信心。特别应在运动员疲劳状态下进行，对运动员的意志品质培养有积极的促进作用。

3）强制法

教练员的命令、训练规定要求及竞赛规程中的规定等内容，不管运动员的想法，必须去完成。在这一过程中，逐渐培养顽强的意志品质。当然，在进行意志训练的过程中，只有运动员具有了培养意志的要求和愿望之后，各种客观外界的训练才能收到效果。

4）篮球运动员意识的训练

篮球运动员的意识训练是一种形成运动技能的综合心理训练方法。它主要有以下几个步骤。

（1）建立正确概念，运用直观教学手段进行。

（2）肌肉控制，通过想象的方法，有顺序地控制肌肉逐部位进行放松。

（3）精神集中，在脑中清晰地产生动作结构，并停留一段时间。

（4）表象与运动器官的连接，视觉表象中将每一个动作都与自己机体中完成此动作的关节、肌肉的感觉相联系，直到两者的感觉相一致。

（5）对训练效果进行检查。

（二）比赛心理训练的方法

1. 赛前心理调节的方法

1）自我认知训练

篮球运动的自我认知训练，主要方法就是自我灌输法，其主要步骤是：暗示自己有足够的自信和实力去参加比赛；自己的技战术水平和体能状况足以使自己超水平发挥；自身战胜对手的方法；不受任何外部环境的干扰。

2）心理适应训练

篮球运动中的心理适应性训练是一种促进参赛主体与其竞赛环境之间保持心理协调的心理训练方法。主要方法有：熟悉场地、设备的训练；适应生活的训练；适应裁判的训练；适应观众的训练；适应比赛气氛的训练。

3）模拟训练

篮球运动中的模拟训练是在对比赛环境条件及对手特点进行了解和分析后，安排相同情况下的适应性训练。提高篮球运动员的临场适应性是模拟训练的主要目的，运动员可以通过模拟训练在头脑中建立起合理的动力定型结构，来应对比赛中随时改变的临场情况，充分发挥自己的技战术水平。其中模拟训练的具体做法有以下几个方面。

(1) 模拟赛场气氛。

在比赛过程中，现场观众的气氛往往会影响运动员的注意力，造成运动员注意力分散、比赛紧张。因此，要多制造比赛的气氛。如采用放观众噪声录音的形式，模拟比赛现场气氛，让运动员提高适应比赛的能力。

(2) 改变赛场局势。

随着篮球技战术水平的不断发展，场上的实际情况越来越复杂，经常会出现一些难以预测的情况，这就要求运动员有能够适应比赛现场局势的能力。可在平时的训练中有目的地改变赛场局势，如设计出教学比赛，先由一方大比分领先，然后将比分进行调换，或者当与对方同处高比分时，立即宣布最后1球决定胜负等。通过这种方法，可提高运动员稳定的心态和随机应变的能力。

(3) 模拟对手。

收集对手比赛的资料，如通过观看对手比赛的录像等，之后模拟对手的技战术打法，进行模拟比赛，让运动员适应比赛对手的节奏和特点，使运动员更有信心战胜对手。

4) 心理调节训练

篮球运动的心理调节训练是一种有意识调节运动员赛前不良心理状态的训练方法，主要有以下几种方法。

(1) 催眠放松训练。

在比赛的隔日或当天由心理学专家将运动员引导至催眠状态，使运动员从赛前情绪紧张不安和恐惧感中解脱出来。

(2) 赛前谈话。

通过教练员与运动员的交谈，明确运动员比赛的目的和意义，鼓励和激发运动员赛前心态，提高亢奋的情绪，增强其参赛信心。

(3) 生物反馈训练。

篮球运动的生物反馈训练是一种借助电生理遥测，反映运动员的活动信息，并及时反馈给运动员，然后根据初期测定结果，按照塑造成型原则进行反应期训练以及脱离生物反馈仪的训练，提高调解自身情绪的能力，从而消除赛前过度紧张、焦虑等心理训练的方法。

(4) 心理自我调节。

如采用最舒适的放松姿势，通过对话，放松肌肉，调节植物性神经系统机能，以缓解赛前动机过强、神经高度紧张、过度兴奋等不良心理状态。

2. 赛中心理调节的方法

1）呼吸调整法

篮球比赛中，运动员通常会产生紧张的心理状态，会伴随着胸闷气短、呼吸急促、不均匀的症状。此时可采用吸气时肌肉紧张和呼气时肌肉放松相结合的交替呼吸法，达到消除紧张的目的。

2）集中注意力法

当篮球运动员在比赛时遇到诸如观众、裁判、对手或同伴等劣性刺激时，要立即找出适合于自己集中注意力的对象，排除所有外界刺激，运用深呼吸和使肌肉紧张起来的方法，把注意力完全集中于将要进行的比赛中去。

3）思维阻断法

比赛中，篮球运动员会因消极的思维而产生情绪紧张的心理状态，并且自己也察觉到时，可以采用积极思维来消除消极意识。例如，运动员由于开赛后的一次失误而不断出现消极思维时，运动员自身又能够意识到这种情况，此时运动员可以利用各种积极的方法，来消除消极的思想。

4）自我暗示法

运动员在比赛时，如果出现情绪不稳定的状况，可以通过自我心理暗示的方法进行调节，如"我要冷静""我状态很好""我一定能够做好这个动作"等。达到稳定情绪，排除周围环境对自身的影响。

5）教练员榜样

篮球比赛时，教练员应冷静处理场上发生的不可预知的情况，做到临危不乱。从运动心理学角度来说，比赛的关键时刻，运动员也越容易出现紧张情绪。运动员总会在此刻向教练员投来探寻和求助的目光。此时教练员的一切身体动作和表情都会向运动员传递思想。一个鼓励性的语言表情，也会使运动员信心倍增；而一个无可奈何地摇头，就会使运动员失去比赛的信心。而且，教练员应有效地利用暂停、局间休息和换人等途径，根据场上的细微变化发挥自身的调控作用。

6）自我宣泄法

当情绪过度紧张时，可通过握拳、擦脸、跺脚等动作及喊声，并伴之一定的自我暗示，将紧张情绪宣泄出来，达到情绪稳定的目的。

3. 赛后心理调节的方法

1）放松训练

放松训练是通过语言暗示，引起被训练者的肌肉放松，进而调节植物性神经系统的机能，使精神和肌肉都得到放松。随后再运用一定的语言进行自我动员，使其有亢奋的精神状态，进入最佳竞技状态。

放松训练的具体方法有：闭目静坐，全身上下逐级放松；深呼吸，做到呼吸均匀；连续 20 分钟后，慢慢睁开双眼。每天 1～2 次，饭后两小时后进行，此法对促使运动员心理能量的恢复有最佳的效果。

2）冥想训练

运动员在绝对安静的环境中，闭上双眼，仰卧平躺，把注意力从比赛中完全脱离出来并创造出轻松、舒缓的想象环境。每天早晚各一次，每次 15～20 分钟。这种方法可以加快恢复神经系统活动，对运动员的知觉力、反应力和灵敏性有很好的帮助，对强化抗外界干扰能力以及稳定情绪具有重要作用。

3）激情疏通训练

采用谈话、书写等形式给运动员提供合理宣泄自己内心过度愤慨、气愤、恼怒等不良情绪的渠道，解除其心中的抑郁和积闷。

4）弱化兴奋度训练

如赛后组织轻松、愉快的活动，消除因激烈竞赛在大脑皮层中的强痕迹作用，缓解大脑疲劳，降低兴奋水平，逐渐恢复正常心理状态。

参考文献

[1] 叶国雄，等．篮球运动研究必读［M］．北京：人民体育出版社，1999．
[2] 黄汉升．体育教学训练理论与方法［M］．北京：高等教育出版社，2003．
[3] 孙汉超，秦椿林．体育管理学［M］．北京：人民体育出版社，2001．
[4] 孙民治，等．篮球运动高级教程［M］．北京：人民体育出版社，2000．
[5] 孙民治．现代篮球高级教程［M］．北京：人民体育出版社，2004．
[6] 李少丹，惠民．运动竞赛学［M］．北京：北京体育大学出版社，2005．
[7] 王家宏，等．我国篮球产业的发展现状及对策研究［M］．北京：北京体育大学出版社，2007．
[8] 宋继新．竞技教育学［M］．北京：人民体育出版社，2003．
[9] 张力为．体育科学研究方法［M］．北京：高等教育出版社，2002．
[10] 田麦久．运动训练学［M］．北京：人民体育出版社，2002．
[11] 钟添发．篮球大辞典［M］．北京：人民体育出版社，1993．
[12] 孙民治．篮球纵横［M］．北京：人民体育出版社，1996．
[13] Masteralexis L P, Barr C A, Mary A, Hums. Principles and Practice of Sport Management［M］. Maryland: Aspen Publishers Inc, Gaithershurg, 1998.
[14] Parks J B, Zanger B R K. Sport and Fitness Management［M］. Windor: Human Kinetics. 1990.
[15] Gratton C, Taylor P. Economics of Sport and Recreation［M］. London: E&FN SPON. 2000.